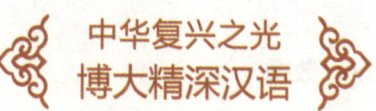

中华复兴之光
博大精深汉语

U0755309

彪炳青史典籍

鹿军士 主编

汕頭大學出版社

图书在版编目（CIP）数据

彪炳青史典籍 / 鹿军士主编. -- 汕头 ：汕头大学
出版社，2016.1（2023.8重印）
　（博大精深汉语）
　ISBN 978-7-5658-2362-6

Ⅰ. ①彪… Ⅱ. ①鹿… Ⅲ. ①史籍－介绍－中国
Ⅳ. ①K204

中国版本图书馆CIP数据核字(2016)第015336号

彪炳青史典籍　　　　　　　BIAOBING QINGSHI DIANJI

主　　编：鹿军士
责任编辑：邹　峰
责任技编：黄东生
封面设计：大华文苑
出版发行：汕头大学出版社
　　　　　广东省汕头市大学路243号汕头大学校园内　邮政编码：515063
电　　话：0754-82904613
印　　刷：三河市嵩川印刷有限公司
开　　本：690mm×960mm　1/16
印　　张：8
字　　数：98千字
版　　次：2016年1月第1版
印　　次：2023年8月第4次印刷
定　　价：39.80元
ISBN 978-7-5658-2362-6

前 言

党的十八大报告指出："把生态文明建设放在突出地位，融入经济建设、政治建设、文化建设、社会建设各方面和全过程，努力建设美丽中国，实现中华民族永续发展。"

可见，美丽中国，是环境之美、时代之美、生活之美、社会之美、百姓之美的总和。生态文明与美丽中国紧密相连，建设美丽中国，其核心就是要按照生态文明要求，通过生态、经济、政治、文化以及社会建设，实现生态良好、经济繁荣、政治和谐以及人民幸福。

悠久的中华文明历史，从来就蕴含着深刻的发展智慧，其中一个重要特征就是强调人与自然的和谐统一，就是把我们人类看作自然世界的和谐组成部分。在新的时期，我们提出尊重自然、顺应自然、保护自然，这是对中华文明的大力弘扬，我们要用勤劳智慧的双手建设美丽中国，实现我们民族永续发展的中国梦想。

因此，美丽中国不仅表现在江山如此多娇方面，更表现在丰富的大美文化内涵方面。中华大地孕育了中华文化，中华文化是中华大地之魂，二者完美地结合，铸就了真正的美丽中国。中华文化源远流长，滚滚黄河、滔滔长江，是最直接的源头。这两大文化浪涛经过千百年冲刷洗礼和不断交流、融合以及沉淀，最终形成了求同存异、兼收并蓄的最辉煌最灿烂的中华文明。

五千年来，薪火相传，一脉相承，伟大的中华文化是世界上唯一绵延不绝而从没中断的古老文化，并始终充满了生机与活力，其根本的原因在于具有强大的包容性和广博性，并充分展现了顽强的生命力和神奇的文化奇观。中华文化的力量，已经深深熔铸到我们的生命力、创造力和凝聚力中，是我们民族的基因。中华民族的精神，也已深深植根于绵延数千年的优秀文化传统之中，是我们的根和魂。

中国文化博大精深，是中华各族人民五千年来创造、传承下来的物质文明和精神文明的总和，其内容包罗万象，浩若星汉，具有很强文化纵深，蕴含丰富宝藏。传承和弘扬优秀民族文化传统，保护民族文化遗产，建设更加优秀的新的中华文化，这是建设美丽中国的根本。

总之，要建设美丽的中国，实现中华文化伟大复兴，首先要站在传统文化前沿，薪火相传，一脉相承，宏扬和发展五千年来优秀的、光明的、先进的、科学的、文明的和自豪的文化，融合古今中外一切文化精华，构建具有中国特色的现代民族文化，向世界和未来展示中华民族的文化力量、文化价值与文化风采，让美丽中国更加辉煌出彩。

为此，在有关部门和专家指导下，我们收集整理了大量古今资料和最新研究成果，特别编撰了本套大型丛书。主要包括万里锦绣河山、悠久文明历史、独特地域风采、深厚建筑古蕴、名胜古迹奇观、珍贵物宝天华、博大精深汉语、千秋辉煌美术、绝美歌舞戏剧、淳朴民风习俗等，充分显示了美丽中国的中华民族厚重文化底蕴和强大民族凝聚力，具有极强系统性、广博性和规模性。

本套丛书唯美展现，美不胜收，语言通俗，图文并茂，形象直观，古风古雅，具有很强可读性、欣赏性和知识性，能够让广大读者全面感受到美丽中国丰富内涵的方方面面，能够增强民族自尊心和文化自豪感，并能很好继承和弘扬中华文化，创造未来中国特色的先进民族文化，引领中华民族走向伟大复兴，实现建设美丽中国的伟大梦想。

目　录

断代通史

国别纪传

　　纪传体是以本纪、列传人物为纲，时间为纬，反映历史事件的一种史书编纂体例，体裁上属于历史散文范畴，内容上重在纪实，所以表现出来的思想也随所记之人、所记之言不同而各异。纪传体史书的突出特点是通过记叙人物活动，反映历史事件，是记言、记事的进一步结合。国别体是以国家为单位，分别记叙历史事件。

　　我国第一部国别体史记《国语》、战国时期的史料汇编《战国策》均为国别体的典范之作。而《史记》《后汉书》《晋书》等，既是多种体裁的混合，又有自己特殊的规格。

最早国别体著作——国语

在我国春秋末期，鲁国有个姓丘名明的人，因其父亲是左史官，所以称左丘明。他品德高尚，胸怀坦荡，深得鲁侯的器重，并担任鲁国太史。

作为太史，左丘明非常关心国家政事，他积极参政议政。有一次，鲁定公想任命孔子为司徒，打算找卿大夫孟氏、叔孙氏和季氏这"三桓"进行商议，就事先征求左丘明的意见。

左丘明说："孔子是大圣人。圣人一当政，犯错误的人就很难保住自己的官位。您要任用孔子，却

又想和'三桓'商量，他们怎会支持您的主张呢？"

鲁定公百思不得其解地问道："你怎么知道他们不会同意？"

左丘明笑了笑，回答道："从前，周朝有个人很喜欢毛皮大衣，同时也很喜欢美味肉食。他想做件价值千金的皮大衣，于是就去和狐狸商量，直接向狐狸索要皮毛；他想办桌味道鲜美的牲祭，于是就去同羊儿商量，直接向羊索要羊肉。话还没说完，狐狸和羊儿便都躲藏了起来。因此，五年过去了，这人一件皮大衣也没做成；十年过去了，一次牲祭也没做上。原因其实很简单，那就是周人的谋略不对。你打算任命孔子为司徒，却召集三桓来商量，这同与狐狸商量做皮大衣、与羊儿商量做牲祭是同一个道理啊！"

左丘明深深知道，孔子主张削弱三桓，主要加强君权，曾向鲁定公提出过"堕三都"的建议。三都是三桓的3个重要城池，势力所在之地，是三桓对抗公室的私有据点。

左丘明非常清楚三桓与孔子之间的矛盾，所以当鲁定公征求自己意见时，他便用两个寓言故事来说明，建议避开三桓直接任用孔子。于是，鲁定公听从了左丘明的建议，没有征求三桓的意见，直接任命孔子为司徒。

左丘明与孔子的关系很好，他的思想也是儒家思想。左丘明曾与孔子一同前往周王室，鼎力支持孔子从政，受到孔子的好评。孔子曾以左丘明为楷模谈论自己的做人原则，他说：

巧言、令色、足恭，左丘明耻之，丘亦耻之；匿怨而友其人，左丘明耻之，丘亦耻之。

孔子是说，甜言蜜语、谗言媚色、卑躬屈膝，这种态度，左丘明认为可耻，我也认为可耻；隐匿怨恨而佯装友好，左丘明认为可耻，我也觉得可耻。

孔子评价左丘明的这些话，反映出左丘明是一位诚实耿直、品德优良的人，这与秉笔直书的春秋史官文化精神是一致的。

孔子曾多次赞叹左丘明的"君子"风范，尊称其左丘明，谓之与其共好恶，还与左丘明一起讨论编撰《春秋左氏传》的事。多次赞叹左丘明的高尚品格，还赞扬左丘明的史家文笔。

左丘明博览天文、地理、文学、历史等大量古籍，学识十分渊博。他任鲁国左史官，在任时尽职尽责，德才兼备，为世人所崇拜。

左丘明编修国史，日夜操劳，历时30余年，一部纵贯200余年、18余万字的《春秋左氏传》定稿。此书的历史、文学、科技、军事价值不可估量，为历代史学家和文人所推崇，史称《左传》。是我国第一部叙事完整的历史著作，也是一部有着极高成就的文学著作。

春秋时期史官文化的一个基本特征，便是崇尚历史文献记录的真实性。史官们把历史的真实性看得很神圣，在记录史事时，往往坚持实事求

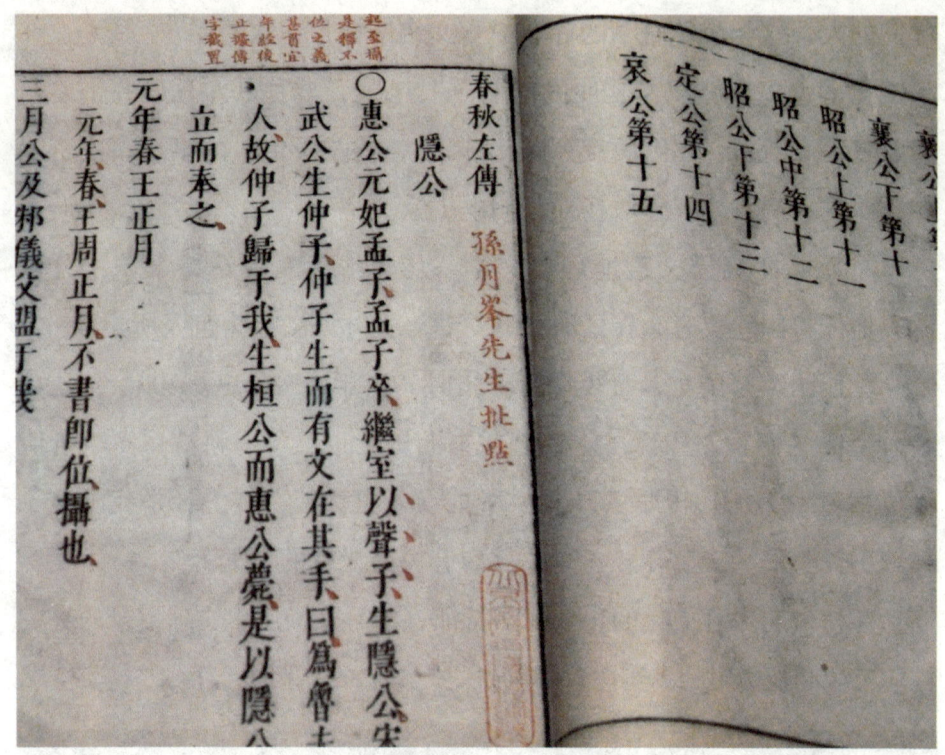

是、秉笔直书、不虚饰、不隐恶的原则，即使做出牺牲也要捍卫国史的求真精神，表现了史官高尚的职业道德和人格。

忠于历史是史家的天职，正是这种良好的史官文化和求真精神，铸就了左丘明那高尚的道德情操，使他博得了广泛赞扬和"君子"美誉。

左丘明在晚年的时候，由于长期的著述，他的眼睛出了毛病，不得不辞官回乡，不久他双目就失明了。他离开了朝廷，也远离了政治纷争，他看得更加清楚，想得更加明白了，他更是不受束缚了。

左丘明心中强烈的历史使命感使他振作了起来，他想到编撰《左传》还有许多剩余资料，还有许多遗漏之处。特别是当时他身在朝廷还受着某些束缚，有些事他不能写。于是，他决定将几十年来的所见所闻、各诸侯的要闻和君臣得失的事迹和话语记述下来，并取名《国语》，用以警示后人。

盲史官讲述的史事集录成书，便叫作《语》。再按照国别区分，就是《周语》《鲁语》等，总称《国语》。《国语》是我国现存最早的一部国别史，是关于西周、春秋时周、鲁、齐、晋、郑、楚、吴、越八国的人物、事迹、言论的国别史杂记，包括各国贵族间朝聘、宴飨、讽谏、辩说、应对之辞以及部分历史事件与传说，因此也叫《春秋外传》。

《国语》全书21卷，其中《周语》3卷，《鲁语》2卷，《齐语》1卷，《晋语》9卷，《郑语》1卷，《楚语》2卷，《吴语》1卷，《越语》2卷。《国语》里各国"语"在全书所占比例不一，每一国记述事迹各有侧重。

《周语》从周穆王开始，记西周早期史实；《鲁语》记春秋时期

鲁国之事，但不是完整的鲁国历史，很少记录重大历史事件，主要是针对一些小故事发议论；《齐语》记齐桓公称霸之事，主要记管仲和齐桓公的论证之语；《晋语》记录春秋时期晋国从卿大夫智伯灭亡到战国初期之间的大事；《郑语》则主要记史伯论天下兴衰的言论；《楚语》主要记楚灵王、昭王时期的事迹，也较少记重要历史事件；《吴语》独记夫差伐越和吴之灭亡；《越语》则仅记勾践灭吴之事。

《国语》记录的历史事迹，是一种价值极高的原始史料，对研究先秦时期历史非常重要，后来司马迁著《史记》时就从中吸取了很多史料。《国语》按照一定顺序分国排列，在内容上偏重于记述历史人物的言论，这是它最大的特点。

《国语》记录了春秋时期的经济、财政、军事、兵法、外交、教育、法律、婚姻等各种内容，具有很强的伦理倾向，弘扬德的精神，尊崇礼的规范，认为"礼"是治国之本，而且非常突出忠君思想。它的政治观比较进步，反对专制和腐败，重视民意，重视人才，具有浓重的民本思想。其中主要反映了儒家崇礼重民等观念。

《国语》有较为明显的艺术特色，一是长于记言，二是有虚构故事情节。虽然在语言上较为质朴，但从文学的发展角度来看，比《左传》前进了一大步。

《国语》开创了以国分类的国别史体例，对后世产生了很大影响，后来许多国别史都是《国语》体例的发展。另外，其缜密、生动、精练、真切的笔法，对后世进行文学创作有很好的借鉴意义。所以，《国语》与《左传》一起，成为我国历史上最早的珠联璧合的历史文化巨著，对后世贡献巨大。

知识点滴

　　《国语》作者自古存在争议。最早提出《国语》作者为左丘明的是西汉著名史学家司马迁，东汉史学家班固也持此说。他们认为左丘明为孔子《春秋》作传后，不幸失明，但他根据作传所剩材料，又编辑了《国语》。

　　后世学者怀疑这类说法。晋代傅玄认为《国语》非左丘明所作，宋人朱熹，直至清人尤侗等，也都对此存疑，但缺少确凿的证据。普遍看法是，《国语》是战国初期一些熟悉各国历史的人，根据当时周朝王室和各诸侯国的史料，经过整理加工汇编而成。

战国历史典籍——战国策

西汉时期，楚元王刘交的四世孙降生了，并取名叫刘向。刘家曾家族显赫，但随着朝代的更换，刘家就衰落了，但这些并没有影响到刘向成长。刘向从小聪明好学，在他12岁的时候便被任用为皇帝引御车的辇郎，20岁时又被任命为谏议大夫。

刘向因通晓辞章，善于连缀辞赋，同大臣王褒、张子侨等一起面见了皇上，回答了皇上提问，并呈献了几十篇辞赋和颂歌。刘向精通儒家和道家方术之学，又写得一手好文章，便被汉宣帝重用。

有一次，皇上向刘向问

起神仙方术之事，皇上听说淮南王藏有一本为世人不知的《鸿宝苑秘书》，书中载有神仙使鬼怪将物变成金子的法术以及修道延寿的秘方，就问刘向知道不知道。

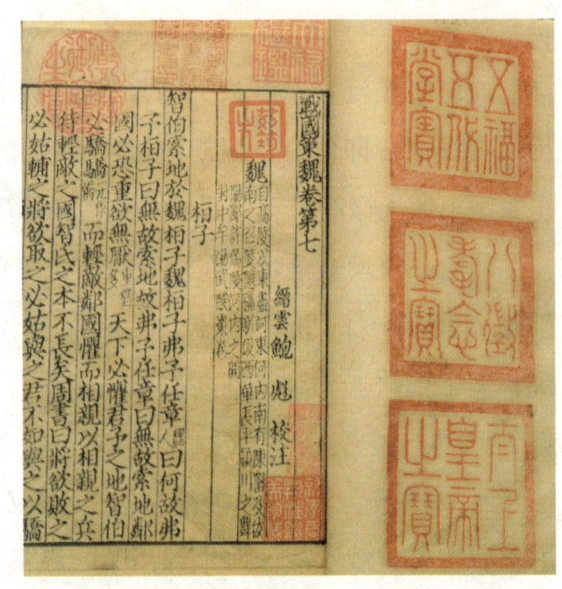

许多人都不知道有这本书，但是，刘向却知道这本书。因为刘向的父亲刘德在汉武帝时，在处理淮南王的案子时得到了这本书。刘向在小时候就熟读过它。

刘向认为这是一本奇书，便献给了皇上，并说依照书上的方法可以提炼黄金。于是，皇上便下令由刘向主持冶炼黄金的事情。

由于这本书中所写的过程太过复杂繁琐，黄金没有炼成，还耗费了很多钱财，直到这个时候，刘向才知道书中所写的炼金术并不灵验。

刘向炼金不成，皇上罢免了他的官职，吏部也弹劾刘向铸造假黄金，罪当处死。这时，刘向的哥哥阳城侯刘安民上书皇上，请求交纳封地的一半户籍，用来赎刘向的罪过。

皇上原本爱惜刘向的才华，不久后就赦免刘向复出，担任了郎中。在汉元帝时，刘向又被提升为散骑、宗正、给事中，成为当时辅政的4位大臣之一。

在此期间，刘向曾用阴阳灾异推论时政的得失，并上书弹劾外戚，抨击宦官专权误国，因此得罪了不少权臣。他也前后两次入狱，免官数年。

刘向历经汉宣帝、汉元帝和汉成帝3位皇帝，因此具有丰富的经历。在汉成帝即位时，因刘向精通儒家和道家方术之学，所以让他在皇家图书馆天禄阁校刊"五经"和各种秘籍。

刘向在校录书籍时，在皇家藏书中发现了6种记录纵横家的书，分别是《国策》《国事》《短长》《事语》《长书》《修书》，但是内容混乱，文字残缺。于是，刘向按照国别编订了这些书，并取名叫《战国策》。

《战国策》是一部国别体史书，又称《国策》，也称《短长书》，主要记载了战国时期谋臣策士纵横捭阖的事迹以及从战国初年

到秦统一全国的240年天下大事和各个诸侯国丰富多彩的历史面貌。

《战国策》全书按东周、西周、秦国、齐国、楚国、赵国、魏国、韩国、燕国、宋国、卫国、中山国依次分国编写，分为12策，33卷，共497篇，约12万字。

《战国策》是游说辞总集，几乎所有纵横家和谋士的言行都搜集于此书，是战国时期各国史官记载的策士们游说诸侯国的言论资料。全书记载了战国时期谋臣策士相互辩论时所提出的政治主张和斗争策略，以及各自的阴谋阳谋等。

《战国策》常常使用铺排和夸张的手法，具有绚丽多姿的辞藻，呈现酣畅淋漓的气势。在书中，语言不仅成了作用于理智、说明事实

和道理的工具，也是直接作用于感情以打动人的手段。

《战国策》善于铺叙，长于说事，选取曲折生动的故事情节，紧凑生动，富戏剧性；喜夸张渲染，善用排偶，捭阖谲诳，辩丽恣肆；又善用比喻与寓言，讽刺幽默，说服力强。

《战国策》也善于描写人物，抒发情感，部分篇章深沉蕴藉，委婉动人。

《战国策》还用了大量的寓言故事、逸闻掌故来增强辩辞的说服力。寓言的巧妙运用，成为《战国策》文章的一大特点。它充分展现了语言和计谋方面的绝妙境界，洋溢着令后人叹为观止的人生智慧，具有独特的艺术魅力。

《战国策》在一定程度上反映了上起三家分晋，下至"楚汉之争"200多年的历史，这些都为研究战国历史提供了丰富资料。

《战国策》既体现了时代思想观念的变化，也体现出战国游士、侠士这一类处于统治集团与庶民之间的特殊而较为自由的社

会人物的思想特征，不是完全为了维护统治秩序。

　　《战国策》突破了旧的思想观念束缚，又不完全拘泥于历史真实，尤其描写人物的性格和活动时，更加具体细致，所以就显得比以前的历史著作更加活泼而富有生气。

　　《战国策·燕策》记载了一个故事，说赵王将要去攻打燕国，苏代为了燕国去劝赵惠王说："我这次来的时候，经过易水，看见一只河蚌正张着壳晒太阳。有一只鹬伸嘴去啄河蚌的肉，河蚌连忙把壳合上，紧紧地钳住了鹬鸟的嘴。这时，渔夫看到了，就把它俩一齐捉去了。现在赵国要去攻打燕国，燕赵两国相持不下，双方的力量都消耗得很厉害。我担心强秦就是那个'渔夫'。"

　　惠王听了，恍然大悟，说："有道理！"于是便停止了攻打燕国的行动。

知识点滴

第一部纪传体通史——史记

西汉初期，在夏阳有一个司马书院，夏阳人司马谈是里面的老师。他有一个儿子叫司马迁，字子长。司马迁在4岁时，就成了书院的学生。他天生聪明好学，从小就学到了很多知识。

司马迁在父亲的指导下，刻苦读书，打下了深厚的文化基础，同时他还拜了很多名师。受父亲的熏陶，司马迁从小就立志，以后一定要做一名历史学家。

在司马迁20岁那年，他

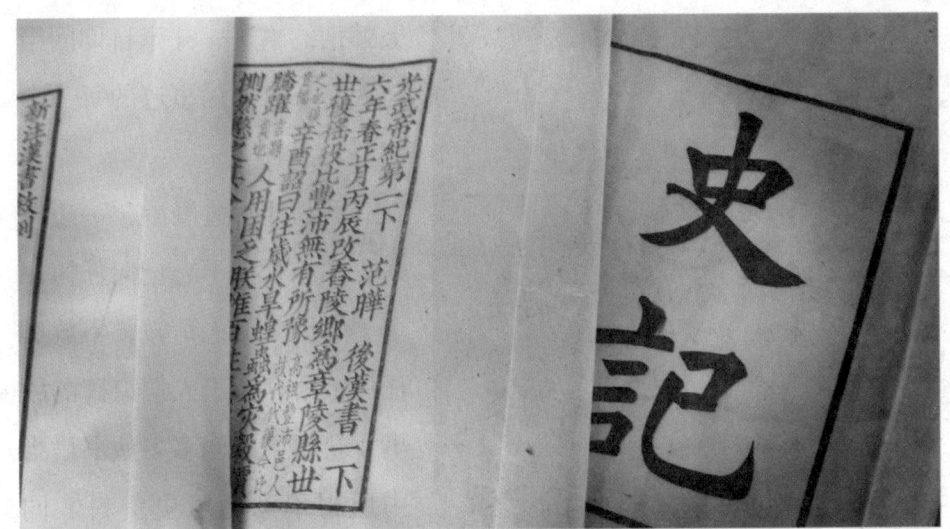

的父亲司马谈到长安做了太史令。作为史官，太史令有责任记载帝王圣贤的言行，也有责任搜集整理天下的遗文古事，更有责任通过叙事论人为当时执政者提供借鉴。于是，司马迁的父亲司马谈开始大量地搜集和阅读史料，为修史做准备。

此时的司马谈年事已高，要独立地修成一部史著，感到无论是时间和精力，还是才学知识都还不够。所以，他就把希望寄托于他的儿子司马迁身上了，希望儿子能够早日参与其事，最终实现他的宏愿。

司马迁也不辜负父亲的希望，开始努力学习，在读万卷书的基础上，开始行万里路。父亲还要求他进行一次为期两年多的漫游，为他写史做好准备。在漫游的过程中，司马迁亲自采访，获得了许多珍贵的第一手资料。

有一天，司马迁游历到了汨罗江畔，这里是春秋时期楚国大夫屈原投江自沉的地方。司马迁在这里高声朗诵屈原的诗，并且痛哭流涕，深刻体验到了屈原当时的思想感情。

司马迁到了汉代开国名臣韩信的故乡淮阴时，搜集整理了许多有

关韩信的事迹，并亲自询问当地人，了解韩信事迹的每一个细节。

司马迁一边漫游，一边考察，在旅程中不忘记向任何一个了解历史的人请教，不放过任何一个存留于人们口碑的故事，获得了许许多多从书籍当中所得不到的历史资料。同时，他还深入民间，广泛接触人们的生活，使他对社会有了深刻的认识。

司马迁漫游了名山大川，饱览了山川河流的壮美，陶冶了性情，也提高了他的文学水平。司马迁的这次漫游，是典型的读万卷书，行万里路。

司马迁回到长安后，做了郎中令。他多次同汉武帝出外巡游，到过很多地方。公元前110年，汉武帝东巡至泰山，并在泰山上举行祭祀天地的典礼，就是"封禅"大典，这在当时可谓是天大的事。

时任太史令的司马谈，以记载历史为自己的使命。但当时他因病留在洛阳，未能从行，于是深感遗憾，抑郁愤恨而死。他在临终时，把自己所要编撰史书的理想和计划，托付给了他的儿子司马迁去实现。

司马谈在病危时，拉着儿子司马迁的手，流着眼泪说："我死了以后，千万不要忘记我这一生的希望，一定要写出一部巨大的史书。你一定要继承我的事业，不要忘记啊！"

　　司马谈这一番谆谆嘱托，极大地震动了司马迁，他看到父亲作为一名史学家难得的使命感和责任感，也知道父亲将毕生未竟的事业寄托在了自己的身上。司马迁低着头，流着泪，悲痛而坚定地答应了父亲的嘱托，表示一定要完成父亲的心愿。

　　司马迁在38岁时，正式做了太史令，使得他有机会阅览宫廷所藏的一切图书、档案及各种史料。他一边整理史料，一边参与修改历法。在太初年间，他参与完成了一部史书，并取名《太初历》。

　　在此期间，司马迁一直没有忘记父亲的遗志，他决心效法儒家始祖孔子编纂《春秋》，也要写出一部同样的历史巨著。于是，他就一边搜集资料，一边动手编写。

　　正当司马迁全身心地撰写史书巨著之时，发生了李陵事件。抗匈名将李广的孙子李陵与汉武帝宠姬李夫人的长兄贰师将军李广利出塞与匈奴作战时被俘，大臣们都谴责李陵不该贪生怕死而向匈奴投降，

只有司马迁站出来驳斥大臣们的意见。

　　汉武帝问作为太史令的司马迁是什么看法，司马迁说："李陵带去的步兵不满5000人，他深入到对方的腹地，在寡不敌众的情况下，虽然打了败仗，也可以向天下人交代了。李陵不肯马上去死，一定还有他的想法，他一定还想将功赎罪来报答陛下。"

　　汉武帝听了，认为司马迁这样是在为李陵辩护，便勃然大怒说："你这样替叛徒强辩，是不是存心反对朝廷？"

　　司马迁为李陵辩护，触怒了汉武帝，于是就把他投入了监狱。第二年，司马迁被处以宫刑。他忍受了各种肉体和精神上的残酷折磨，面对酷刑，他始终不屈服，仍然坚持自己意见。宫刑在当时是个奇耻大辱，不仅有污先人，也会让亲友耻笑。司马迁在狱中备受凌辱，几乎断送了性命。

　　司马迁本想一死，但是他想到父亲的嘱托，又想到了自己多年搜集资料的艰辛，为了实现编史的夙愿，他是忍辱负重，苟且偷生，希望出现一线转机。

后来，汉武帝改元，大赦天下，这时司马迁已经50岁了。他出狱后当了中书令，在别人看来，他也许是"尊宠任职"。但司马迁并不在意这些，他开始埋头专心致志地写他的书。他知道自己所剩的时间不多了，于是争分夺秒地进行撰述。

司马迁一边搜集和阅读大量资料，一边夜以继日地进行撰写、校正。公元前91年，司马迁终于完成了这部历史巨著。这部史书起初没有固定书名，那时人们叫它《太史公书》，或称《太史公记》，也称《太史公》。"史记"是古代史书的通称，因为司马迁这部书包括了从三皇五帝到汉武帝2000多年的历史，于是人们就叫它为《史记》。

《史记》是我国第一部纪传体通史，被人们称为"信史"。全书

共有本纪12篇，表10篇，书8篇，世家30篇，列传70篇，共130篇。

《史记》是以历史上帝王等政治中心人物为史书编撰的主线，各种体例分类明确，其中包括"本纪""世家""列传"3部分，占全书的大部分篇幅，都是以写人物为中心来记载历史的。因此，司马迁创立了史书新体例的"纪传体"。

《史记》分类明确，"本纪"是全书的提纲，按年月时间记述帝王的言行政绩；"表"用表格来简列世系、人物和史事；"书"则记述制度发展，涉及礼乐制度、天文兵律、社会经济、河渠地理等诸方面内容；"世家"记述子孙世袭的王侯封国史迹和特别重要的人物事迹；"列传"是除帝王诸侯外其他各方面代表人物的生平事迹和少数民族的传记等。

《史记》在"本纪""世家"和"列传"中所写的一系列历史人物，不仅表现了司马迁对历史的高度概括力和卓越见识，而且通过历史人物的活动，生动展现了广阔的社会生活，体现了司马迁对历史和现实的批判精神，以及同情广大人民，为那些被污辱、被冤枉的人鸣不平的正义行为。因此，《史记》不仅是后来历史学家学习的典范，而且是后来文学家学习的典范。

《史记》不同于前代史书所采用的以时间为次序的编年体，或以地域为划分的国别体，而是以人物传记为中心来反映历史内容的一种体例，这就是司马迁开创的纪传体。

在《史记》中，司马迁对古代一些著名人物的事迹都做了详细叙述。他对农民起义领袖陈胜、吴广给予了高度评价，对广大人民也表现出同情的态度。他还把古代文献中过于生涩的文字改写成当时比较浅近明白的文字，使人物描写和情节描述更加形象鲜明，语言也更加生动活泼。《史记》不仅内容翔实可靠，并且文字生动优美，人物写得栩栩如生，所以是一部了不起的文学著作。

《史记》对于继承我国优秀文化遗产、弘扬民族精神都具有非常积极的意义，是我国文化的经典巨著，是世界文化宝库中的一颗璀璨明珠。司马迁的精神不仅感动了后人，他的著作也影响了后人，充分体现了我国伟大的民族精神，因此后人称之为"史家之绝唱，无韵之离骚"。

司马迁小时候，有一次跟随外祖父杨鼎要去参加一个文人聚会，有个儒士听说司马迁把《诗经》中的145首《国风》全部能背出来，有些不信，就把司马迁叫到面前，请他背给大家听。

司马迁说："不知先生是要我顺背还是倒背？"语出惊人，在场的人都十分惊讶，大家聚了过来。司马迁非常熟练地倒背了起来。他的声调抑扬顿挫，周围文人都不由得连连称道，无不惊叹："奇才！奇才！真是奇才呀！"

知识点滴

东汉纪传体史书——后汉书

　　东晋末年，南北朝初期，豪强四起，连年混战，社会动荡。出生于官宦士族之家的范泰和很多人一样，需要依附一个能够保全身家性命的权势人物。

　　范泰通过审时度势，毅然选择了在当时已经初露锋芒的建武将军刘裕，并受到刘裕的赏识与重用。刘裕登基称帝后，拜范泰为金紫光禄大夫散骑常侍。范泰在闲暇之余，博览群书，潜心著述，他著有《古今善言》24篇，很有影响力。

　　范泰有个儿子叫范晔，他受家庭的影响，从小聪明好学，再加上天资聪慧，尚未成年，便以

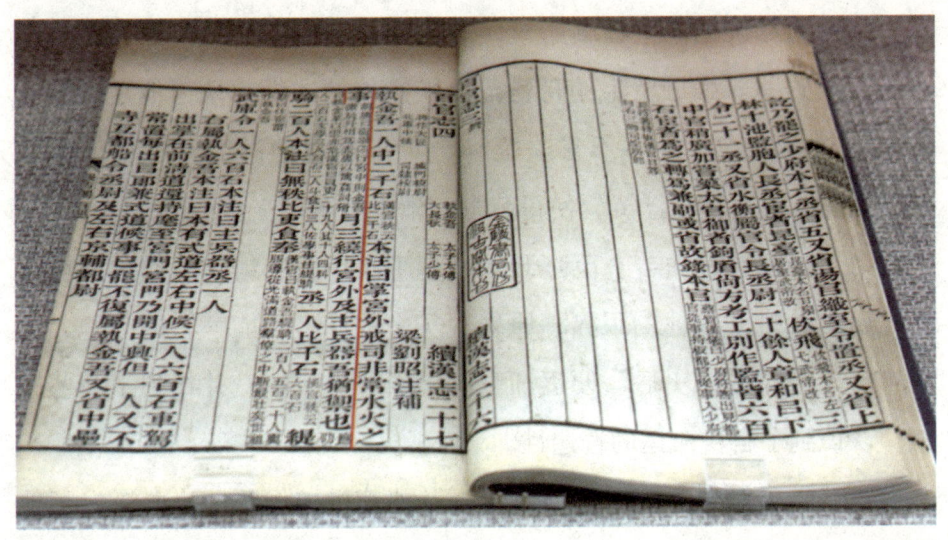

博览经史、善写文章而负有盛名。

范晔一直以名门之后自居，生性孤傲，不拘小节。范晔17岁时，被朝廷任用为掌管文书的史官。到23岁时，范晔应召到刘裕之子彭城王刘义恭的府下任参军之职，后又转为右军参军。在此后的10余年里，他先后担任过很多职务。

有一年，刘义恭的弟弟刘义康的母亲王太妃去世，刘义康把属僚们召集到府内帮助料理丧事，范晔也参加了。对于刘义康母亲的死，范晔自然悲伤不起来。在临葬前的一天夜晚，轮到范晔弟弟范广渊值班时，范晔兄弟俩邀了一位朋友躲在屋里喝起酒来。醉意蒙眬之际，范晔忘记了场合，竟推开窗子，听挽歌助酒。

这件事被传出后，刘义康非常恼怒，就到宋文帝那里进范晔的谗言，宋文帝就把范晔打发到宣城当太守去了。这次贬官对范晔是一次很大刺激，仕途上的坎坷勾起了他幼年生活的某些隐痛。

范晔虽然生在名门士族，但他本人却是个妾生的庶子。晋代嫡庶之别是官僚之家不可逾越的等级，因而也决定了范晔的社会地位。

　　范晔的母亲把他生在厕所里，并且碰伤了他的前额，因而落下个小名叫"砖"。嫡母所生的哥哥范晏嫉妒他的才学，认为他是败坏家族的祸根。父亲范泰也不喜欢范晔，早早地将他过继给了从伯范弘之。屈伸荣辱与宦海浮沉，使得范晔心情十分苦闷。

　　为了排解这种痛苦，范晔开始从事东汉历史的编纂工作。他埋头研究历史，打开了他的眼界，原来现实中的许多不能解答的问题，他在查阅了大量的历史后，便逐渐整理出了一些头绪，并找到了一些答案，认识到了自身命运的普遍性。

　　范晔由于对自身遭遇的愤慨，以及他愤世嫉俗的性格，激发了他用历史反映现实的雄心。他凭着深厚的史学功底，凭着他去伪存真的历史观和个人对历史的理解，终于写出了历史名作《后汉书》。

　　《后汉书》是一部记载东汉历史的纪传体史书，书中分10纪、80

列传和8志，记载了从新帝王莽起至汉献帝时的195年历史，与《史记》《汉书》《三国志》并称为"前四史"。从《后汉书》史料价值以及被列为"前四史"的情况，可以看出《后汉书》在我国历史学上的崇高地位。

《后汉书》除体例上的创新以外，最显著的特点是观点鲜明，褒贬一语见的。此书中类传前多有序，每个人物传记展开前多有提要，用语简洁、准确，这可以使读者先对所写人物有一个总体印象，起到未见其人先会其神的作用。

《后汉书》还长于用细节描写刻画人物，或假借他人评说，或援引时人谚语歌谣等以纪传人物。《后汉书》虽然只有本纪、列传和志，而没有表，但范晔文笔较好，善于剪裁，叙事连贯而不重复，在一定程度上弥补了无表的缺陷。

《后汉书》所以成为不朽的史学名著，也因它在编撰上取得了很大成功。范晔先对全书做了细致的整体规划，对史实进行了认真剪裁。书中所述史实规避得法，彼此间既有照应，又不重复，表现出高超的史学编撰技巧。

《后汉书》结构严谨，编排有序。如80列传，大体是按照时代的先后进行排列的。最初的3卷为两汉之际的风云人物，其后的9卷是光武时代的宗室王侯和重要将领。

在《后汉书》中，范晔非常善于刻画对社会做出贡献的人物。如《张衡传》就是《后汉书》中著名的人物传记之一，文章详尽而生动地记述了我国古代科学家、文学家张衡的一生，突出表现了他在科学和文学方面的杰出成就以及政治上的建树。叙事波澜起伏，从多方面展现了人物的思想性格。体现了张衡作为科学家刻苦钻研，终于取得辉煌成就的曲折历程。

与作者对上述纪传人物的态度相反，范晔对外戚、宦官的横暴专权、祸国殃民则大加挞伐。在东汉中期，汉和帝、汉安帝以后，皇帝都是幼年即位，不能执掌朝纲，于是开始了外戚与宦官争夺王朝统治权的混乱局面，《后汉书》对此都进行了无情揭露和批判。

《后汉书》的史学价值是多方面的，展现了范晔的多才多艺。比如《后汉书》记载的科学发现：

十月癸亥，一客星出于南门，其大如斗笠，鲜艳缤纷，后渐衰萎，于次年六月没。

这段文字记录了发生于2000年前超新星爆发的事件，这是人类历史上最早的超新星爆发记录。

《后汉书》再现了东汉的历史，保存了东汉一代的诸多史料。东汉社会政治经济、文化状况、朝代兴衰历变、历史大事件等在书中都有所反映。

《后汉书》除了因袭《史记》《汉书》的列传外，还新增了党锢、宦者、文苑、独行、方术、逸民和列女七种列传。这些列传既是新创，又反映了东汉的实际情况。另外，因为记载东汉史实的其他史书多数已不存在，所以，《后汉书》的史料价值就更为弥足珍贵。

据载范晔的琵琶弹得很好，并能创作新曲。宋文帝很想听听，屡次加以暗示，范晔假装糊涂，始终不肯为皇帝弹奏。

在一次宴会上，宋文帝直接向范晔说："我想唱一首歌，你可以伴奏吗？"话说到这份上，范晔只得奉旨弹奏。待宋文帝一唱完，范晔立即停止了演奏，竟不肯多弹一曲。

知识点滴

创新纪传体史书——晋书

那是在隋代一个深秋时节，在陕西的关中渭北一带，一个天然的驻军之地，一支十几万人的大军，就在这里驻扎了下来。

有一天，一个年近40岁的中年男子，竟悠然自得地穿过猎猎旌旗，走向军营的辕门，叫道："我叫房乔，字玄龄，前来求见你们的统帅、二公子李世民。"声音很是温和，一听就是个文人。

李世民掀开军帐，竟是一双细长的凤眼，湛清有神，在凝视着自己。这一老一少，刚一见面，那微妙的、对立的又恰好是能融合互补的家世和气质，就深深吸引了彼此。

阅历丰富的房玄龄，从少年李世民的身上，看到了一股强大优势和不可动摇的力量。他温和有礼地一笑，把自己几十年积累的才华和能力，全部献给了李家这个年龄可以做自己儿子的人。

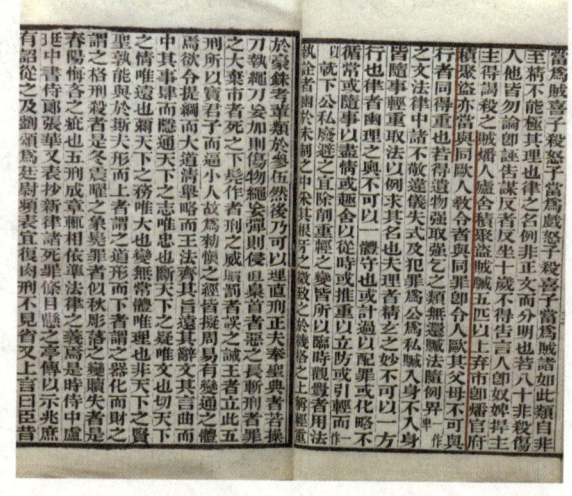

天资聪颖的李世民，很快就把房玄龄视为心腹中的心腹，赋予了他"草拟檄文书信"在中枢任职，然后又以一种"不足为外人道"的方式，把招揽士族人才的重任，也交给了房玄龄。

从此，不是房玄龄走到了李世民面前，而是整个山东士族和江南华族，走到了关陇强权的身边。

房玄龄为报李世民知遇之恩，竭尽心力筹谋军政事务。每攻灭一方割据势力，军中诸人都全力搜求珍宝异物，只有房玄龄首先收拢人才，将富有谋略和骁勇善战的人安置在他的幕府中，私下与他们结为朋友，共同为李世民效力。

在击破王世充后，房玄龄认为张亮"倜傥有智谋"，遂推荐给李世民，任秦王府车骑将军，"委以心膂"。其他诸如才思敏捷的薛收，有"王陵、周勃节，可倚大事"的李大亮，"聪明识达，王佐之才"的杜如晦等，都是经房玄龄举荐以后才受到李世民重用的，后都位至卿相。房玄龄也被任命为宰相。

李世民一统中原，他府中的谋臣猛将，心中都十分感念房玄龄推荐之恩，尽死力报效。但像房玄龄这样的一位能够运筹帷幄的大人物，却有一段不为人知的故事。

唐高祖李渊、唐太宗李世民起兵前久居晋阳，醋成为唐宫必不可少的调味品，且因皇上喜吃，皇宫储存极多。

唐太宗年间，宰相房玄龄惧内是有了名的。其妻虽然霸道，但对房玄龄衣食住行十分精心，从来都是一手料理，容不得别人插手。

一日，唐太宗请开国元勋赴御宴，酒足饭饱之际，房玄龄经不得同僚的挑逗，吹了几句不怕老婆的牛皮，已有几分酒意的唐太宗乘着酒兴，便赐给了房玄龄两个美人。不料房玄龄酒后吹牛被皇上当了真，赐给他两位美人。

想到霸道且细心的妻子，房玄龄愁得不知怎样才好。还是尉迟恭给他打了气，说老婆再凶，也不敢把皇上赐的美人怎么样，房玄龄才小心翼翼地将两个美人领回家。

不料，房玄龄的老婆却不管是不是皇上赐的，一见房玄龄带回两个年轻、漂亮的小妾，大发雷霆，指着房玄龄大吵大骂，并操起鸡毛掸子大打出手，把两个美人赶出了府。

房玄龄见不对头，只好将两个美人送走了，此事马上便被唐太宗和大臣们知道了。

唐太宗想压一压宰相夫人的横气，便立即召宰相房玄龄和夫人问罪。房玄龄夫人也知此祸不小，小心翼翼地跟随着房玄龄来见唐太宗。唐太宗见他们来到，指着两位美女和一坛"毒酒"说："我也不追究你违旨之罪，这里有两条路任你选择，一条是领回二位美女，和和美美过日子，另一条是吃了这坛'毒酒'省得嫉妒旁人了。"

房玄龄知道夫人性子烈，怕夫人喝"毒酒"，急忙跪地求情。李世民怒道："汝身为当朝宰相，违旨抗命，还敢多言！"

房夫人见事已至此，看了看二女容颜，深知自己已年老色衰，一旦这二女进府，自己迟早要走违旨抗命这条路，与其受气而死，倒不如喝了这坛"毒酒"痛快。尚未待唐太宗再催，房夫人举起坛子，"咕咚咕咚"地已将一坛"毒酒"喝光。

房玄龄急得老泪纵横，抱着夫人抽泣，众臣子却一起大笑，原来那坛装的并非毒酒，而是晋阳清源的食醋，根本无毒。

唐太宗叹了口气道："房夫人，莫怨朕用这法子逼你，你妒心也太大了。不过念你宁死也恋着丈夫，朕收回成命。"

房夫人料不到自己冒死喝"毒酒"得了这么个结果，虽酸得伸头抖肘，但心中高兴万分。房玄龄也破涕为笑。从此，"吃醋"这个词便成了女人间妒忌的代名词。

在李世民登上王位之前，房玄龄协助李世民经营四方，削平群雄，夺取皇位。李世民称赞他有"筹谋帷幄，定社稷之功"。李世民登上王位之后，房玄龄受封为梁国公，官任中书令、尚书左仆射、司空等职，总领百司，掌政务长达20年之久。

房玄龄曾参与制定典章制度，使唐律比前代更显宽松，律条也日渐完备。他参与制定的《贞观律》为后来的《永徽律》及我国现存最古、最完整的封建刑事法典《唐律疏议》奠定了基础。

后来，房玄龄又监修国史《晋书》，房玄龄又与魏征同修唐礼；调整政府机构，省并中央官员；善于用人，不以求备取人，也不问贵贱，随材授任；恪守职责，不自居功。后世把房玄龄和兵部尚书杜如晦称为良相的典范，合称"房谋杜断"。

房玄龄监修的《晋书》一共130卷，包括帝纪10卷、志20卷、列传70卷、载记30卷。《晋书》的内容充实，文字简练。而且体例比较完备，使它能容纳较多的历史内容，而无繁杂纷乱之感。他的帝纪按时间顺序排列史事，交代历史发展的基本线索，是全书的总纲。

在《晋书》中，房玄龄采用世家之体而取载记之名，用高于列传的规格，完整地记述了各族政权在中原割据兴灭的始末，给各割据政权以适当的历史地位，较好解决了中原皇朝与各族政权并载一史的难题。

知识点滴

房玄龄怕老婆，并非全然由于房夫人的霸道，其实他们夫妻二人曾有一段感人的故事：

房玄龄尚未发迹时，曾经病得奄奄一息，对妻子卢氏说："我已经不行了。你还年轻，不可以从此守寡，应该改嫁，好好去侍奉新人。"卢氏听了房玄龄为她着想的这些话，十分难过，哭着进了房间，拿利器刺伤自己的一只眼睛，向丈夫表明自己不会改嫁的决心。后来，房玄龄病愈，对卢氏的情义十分感念，一辈子对她礼遇有加。所以说，房玄龄对这个可以毅然刺眼喝毒酒的老婆，应该说是又敬又畏的。

最早的隋史专著——隋书

隋末时期，魏州曲城的魏家有个孩子叫魏征，他3岁的时候父亲就去世了，母亲守寡把他抚养大。家里虽然贫穷，但魏征读书却很用功，母亲对他要求也很严格。相传，魏征从很小开始，头顶和两肩各

亮着一盏灯。这3盏灯，只有他的母亲能够看见。如果魏征干了一件坏事，灯就会灭掉一盏。

有一天，魏征放学回家，一进门，母亲就叫他跪下，责问他干了什么坏事。魏征从小就是个孝顺、听话的孩子，他一头雾水，想了半天，也没有想起曾干了什么坏事。

母亲又问他："你今天除了做功课以外，还干了什么事情？"

魏征猛然醒悟说："对了，

娘，先生还让我替他誊写了一份休书。"

母亲"噢"了一声，对他说："替人写休书，是拆散人家夫妻，就是一件缺德事儿，快去把休书要回来！"

魏征立即跑回学堂，对先生说："老师，我给您写的休书上，有一个字写错了，快给我看看。"

先生递过休书，魏征接过来，一把撕个粉碎，对先生说："您还是和师娘和好吧！"说罢给先生深深鞠了一躬，扭头跑回家去。

魏征一进家门，母亲见他肩上的灯又亮了，高兴地对他说："孩子，记住，缺德的事永远不能干！"魏征点点头，牢记母亲的教诲。

"玄武门之变"后，有人向秦王李世民告发，东宫有个官员，名叫魏征，曾经和瓦岗军首领魏公李密还有夏王窦建德参加起义军。

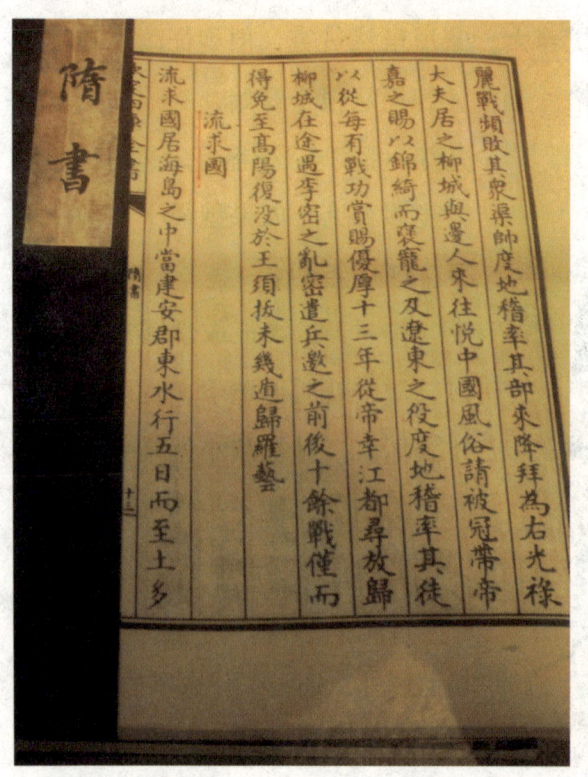

当初，魏公李密和夏王窦建德失败之后，魏征到了长安，在太子李建成手下做过事，还曾经劝说太子李建成杀害秦王李世民一事。

秦王李世民听后，立刻派人把魏征找来。魏征见了秦王，秦王板起脸问他："你为什么在我们兄弟中间挑拨离间？"

左右的大臣听秦王这样发问，以为是要算魏

征的老账，都替魏征捏了一把汗。但是魏征却神态自若，不慌不忙地回答说："可惜那时候太子没听我的话。要不然，也不会发生这样的事了。"

秦王听后，觉得魏征说话直爽，很有胆识，不但没责怪魏征，反而和颜悦色地说："这已经是过去的事，就不用再提了。"

有一次，唐太宗李世民问魏征，历史上的人君，为什么有的人明智，有的人昏庸？"

魏征回答说："多听听各方面的意见，就明智；只听单方面的话，就昏庸。"他还举了历史上尧、舜和秦二世、梁武帝、隋炀帝等例子，说："治理天下的人君如果能够采纳下面的意见，那么下情就能上达，他的亲信想要蒙蔽也蒙蔽不了。"

还有一次，唐太宗读完隋炀帝的文集，跟左右大臣说："我看隋炀帝这个人，学问渊博，也懂得尧、舜好，桀、纣不好，为什么干出事来这么荒唐？"

魏征接口说："一个皇帝光靠聪明渊博不行，还应该虚心倾听臣子的意见。隋炀帝自以为才高，骄傲自信，说的是尧、舜的话，干的是桀、纣的事，到后来糊里糊涂，就自取灭亡了。

魏征以性格刚直、才识超卓、敢于犯颜直谏著称。作为唐太宗李世民的重要辅佐，他曾恳切要求唐太宗李世民让他充当对治理国家有用的"良臣"，而不要使他成为对皇帝一人尽职的"忠臣"。

魏征在每次上朝进谏时，虽然每次都把唐太宗激怒，但是他自己始终却是神色自若，不稍动摇，使唐太宗也为之折服。

魏征为了维护和巩固李唐王朝的封建统治，曾先后陈谏200多次，劝诫唐太宗要以历史的教训为鉴，励精图治，任贤纳谏，本着"仁

义"行事，无一不受到采纳。人们评价魏征时说：

上不负时主，下不阿权贵，中不侈亲戚，外不为朋党，不以逢时改节，不以图位卖忠。

魏征正是以这样的无私和大义，才赢得了唐太宗李世民的欣赏。由于魏征刚正不阿的态度和自身的才华得到唐太宗的赏识，特别委派他编写隋史。

唐太宗亲历了灭隋的战争，在执政之后，他经常谈论隋朝灭亡的教训，明确提出"以古为镜，可以见兴替"的看法。汲取历史教训，以史为鉴就成了修隋史的指导思想。

魏征这部史书撰写完成后，取名叫《隋书》。《隋书》共85卷。分为两个部分：一部分是纪传，另一部分为史志。《隋书》在笔法上也更简洁、严整一些。在历史记载上，纪传中保存了不少有用的材料。

《隋书》主要弘扬秉笔直书的优良史学传统，品评人物较少阿附隐讳。它的纪传在编次上注重以类相从的方法，体例比较严整，比以前的史书都要严密而稳妥。

《隋书》继承了《汉书》十志的传统，它记述典章制度的范围，实际上包括了已有史志的各个方面，较全面地展现了封建社会的政权结构、统治规模和学术文化的面貌。

《隋书》的史志部分，多达30卷，包括仪礼、音乐、律历、天文、五行、食货、刑法、百官、地理、经籍10志。这10志不仅叙述了隋朝的典章制度，而且概括了梁、陈、北齐、北周的政治、经济情况，有的甚至追溯到汉魏。

《隋书》写得都很有章法，每志都有绪论，概述历史源流和本志要旨，然后按5个朝代分段记述史实，给人以清晰、严整的印象。其中的《仪礼志》记载封建礼制方面的内容，贯彻着维护等级制度的宗旨；《音乐志》除记录祭天地、祀鬼神的乐章外，还记载当时杂技的各种表演和域外音乐的内流，是有价值的艺术史料。

《隋书》的作者都是饱学之士，具有很高的修史水平。《隋书》是现存最早的隋史专著，也是修史水平较高的史籍之一。《隋书》的一个重要特点，就是全书贯穿了以史为鉴的思想。另一个可取之处，是保存了南北朝以来大量的典章制度，为后人研究隋代以及前几朝的政治、经济、文化制度，保留了丰富的资料。南北朝时期，留下来的典章制度方面的史料极少。

《隋书》史论认真总结了隋王朝兴亡的经验教训。比较了隋文帝与隋炀帝的社会状况和政策的不同，指出隋文帝进行统一战争意在安定天下，虽然初起时国力不强，最后终于取得成功。隋炀帝则穷兵黩武，骚动天下，就是再稳固的

江山也会土崩瓦解。这样的历史结论是深刻的，对于唐初的施政方针来说，针对性也是相当强的。

《隋书》的史论还探讨了隋王朝的君臣关系和朝政得失，评论了隋代重要历史人物的功过是非及历史作用，抒发了作者的人才思想、法治思想等，对于封建社会的政治家、史学家都是很有启发的。它的史论出自富于政治经验的魏征之手，它把论史与论政结合起来，以隋朝的兴亡为借鉴，阐发出不少深刻的政治思想和历史见解，带给人们的教益是不容小视的。

《隋书》弘扬秉笔直书的优良史学传统，品评人物较少阿附隐讳。主编魏征刚正不阿，他主持编写的纪传，较少曲笔，不为尊者讳。

知识点滴

相传，魏征与唐太宗李世民经常在上朝的时候因为一件事而吵得不可开交。有一次，魏征在上朝的时候，跟唐太宗争得面红耳赤。唐太宗实在听不下去，想要发作，又怕在大臣面前丢了自己接受意见的好名声，只好勉强忍住。退朝以后，唐太宗憋了一肚子气回到内宫，见了他的妻子长孙皇后，气冲冲地说："总有一天，我要杀死这个乡巴佬！"

长孙皇后知道唐太宗说的是谁，于是一声不吭，回到了自己的内室，换了一套朝见的礼服，向太宗下拜。唐太宗惊奇地问道："你这是干什么？"长孙皇后说："我听说英明的天子才有正直的大臣，现在魏征这样正直，正说明陛下的英明，我怎么能不向陛下祝贺呢！"这一番话就像一盆清凉的水，把太宗满腔怒火浇熄了。

私修纪传史——新五代史

　　那是在北宋时期，欧阳修出生在一个贫困的家庭，他天资聪明，喜欢读书。有一次，他问母亲范滂是谁，母亲就告诉他范滂是东汉的学者，他年轻的时候十分节俭，后来做了官很清廉，是一位让人称道的贤人。欧阳修听后便说长大后也要做像范滂那样的人。

　　景祐初年，欧阳修授任学士院宣德郎，充馆阁校勘。因他的文采过人，博学多才，有很多人都去拜访他，请他指点诗文。

　　后来，有个公子哥儿不服气，逢人便说："欧阳修也是两个肩膀扛着一个脑袋，有什么了不起！我非跟他比个高低不可。"

　　这天，这位公子哥儿去找欧阳修。在路上，他碰见一个中年人，就问："老兄，你是去找欧阳修的吗？"中年人点

点头说："是呀！"于是两人就一路同行。

公子哥儿把自己去找欧阳修的事向他说了一遍。中年人说："看来你很有学问，做一首诗如何？"公子哥儿看见前边有一棵枯树，就随口吟道："前边一枯树，分成两个杈。"

中年人接下去说："春至苔为叶，冬来雪作花。"

公子哥儿一听乐了："行啊！有了你，我就更不怕欧阳修了。"

二人走着走着，看见一群鹅跳到河里。公子哥儿又来劲儿了："对面一群鹅，扑通跳下河。"

中年人又接了下去："毛浮绿波动，颈曲作清歌。"

公子哥儿上上下下打量了中年人一番，说："想不到你还真有两下子。走，上船。过了河，就离欧阳修家不远了。"

他们上了船，公子哥儿还在卖弄："你我一同去找欧阳修。"

中年人微微一笑，又接了两句："修已知道你，你还不知修。"

原来那个中年人就是欧阳修。这时，年轻人羞愧不已。

欧阳修文章锦绣，为人耿介切直，放达不羁。先后任翰林学士、史馆修撰等职，奉命和宋祁领衔编撰《新唐书》。

崇儒复古是欧阳修的政治主张，也是他修史的指导思想。他禀承孔子的《春秋》笔法、"褒贬"义例，对《旧五代史》改编重修。

《新五代史》原名《五代史记》，是唐代设馆修史以后唯一的私修正史。全书74卷，包括本纪12卷、列传45卷、考3卷、世家及世家年谱11卷、四夷附录4卷。其中的列传最有特色，采用类传的形式，设立《家人传》《臣传》《死节传》《死事传》《一行传》《唐六臣传》《义儿传》《伶官传》《宦者传》《杂传》等名目。

《新五代史》列传人物部分也较《旧五代史》有所补充，欧阳修采用了新的材料以及笔记、小说中的材料，补充了事实，使人物事迹更为生动、丰富。对于少数民族的记述，也有新的增加。

在编排体例上，欧阳修推翻《旧五代史》一朝一史的基本格局，取法《南史》《北史》，打破朝代界线，把五朝的人事综合统编在一起，按时间顺序排列。

《新五代史》仿《春秋》笔法，用不同的字句表现"微言大义"。欧阳修是宋代著名的文学大家，"唐宋古文运动"的领导人和集大成者，所以《新五代史》文笔简洁，叙事生动，当时人就认为它的笔力与《史记》不相上下。

《新五代史》的文笔之出色，的确在"二十四史"中是罕见的，这部著述成为了后世研究五代十国历史的重要材料。

知识点滴

欧阳修在翰林院任职时，一次，与同院三个下属出游，见路旁有匹飞驰的马踩死了一只狗。欧阳修提议："请你们分别来记叙一下此事。"只见一人率先说道："有黄犬卧于道，马惊，奔逸而来，蹄而死之。"另一人接着说："有黄犬卧于通衢，逸马蹄而杀之。"最后第三人说："有犬卧于通衢，卧犬遭之而毙。" 欧阳修听后笑道："像你们这样修史，一万卷也写不完。"那三人于是连忙请教："那你如何说呢？"欧阳修道："'逸马杀犬于道'，六字足矣！"三人听后脸红地相互笑了起来，比照自己的冗赘，深为欧阳修为文的简洁所折服。

宋代纪传体通史——通志

　　北宋崇宁年间的郑樵，出身于书香门第世家，从小就受到家庭较好的影响和教育。他的先世原是晋代中原南迁的望族，高祖郑冲、曾祖郑子堂、祖父郑宰、父郑国器，都是读书和做过官的人。

　　郑樵是唐五官中郎将郑庄的后裔，当年郑庄曾与兄长郑露和乃弟郑淑入莆倡学，是开发莆田文化的有功之人。郑樵的家乡虽然处在万山之中的莆田广业里山区，但他从小就立下要读尽古今书，要精通"六经"和诸子百家学术的宏伟抱负。

　　在郑樵16岁时，他的父亲不幸去世。自此之后，郑樵一直过着清贫的生活。为了摆脱家贫无书读的困境，他就和从兄郑厚一起背上包袱，向四方藏书人家求借书读。

郑樵在求学时，不仅仅是学习书本上的知识，而且他还把眼光放到自然界各种动植物当中去。他经常深入山间田野，拜农夫为师，从而得到了许多实际学问。他在刻苦追求学问的同时，还十分热爱自己的国家。靖康初年，当郑樵看到国家受到金兵的侵犯，就立即和郑厚一起联名向朝廷当权者上书，陈述兄弟俩的抗金志向和报国才能，并自信一旦得到朝廷起用，就能使国家转危为安。由于种种原因，郑樵的愿望一直得不到朝廷重视。尽管如此，他的爱国热情有增无减。

在南宋绍兴初年，由于宋高宗畏敌如虎，南宋的半壁江山依然处在动荡不安之中。这时，郑厚在悲观失望的同时，下山参加科举，继而走上了坎坷的仕途。而郑樵则认为如此昏暗不明的仕途，会埋没自己的读书志向，因此他不愿下山应试。

由于北方金兵在攻破北宋京都时抢走了宋朝廷的三馆四库图书，所以郑樵决心以布衣学者的身份，在夹漈山为南宋朝廷著一部集天下书为一书的大《史通》。这时，郑樵还是一个二十七八岁的青年。

由于当时朝廷不允许私人修史，所以郑樵著《通志》有很大的困难：第一个是如果得不到朝廷的同意，他就不能私自修史，否则就要受到官方的打击。第二是如果没有得到朝廷提供的充足参考史料和充

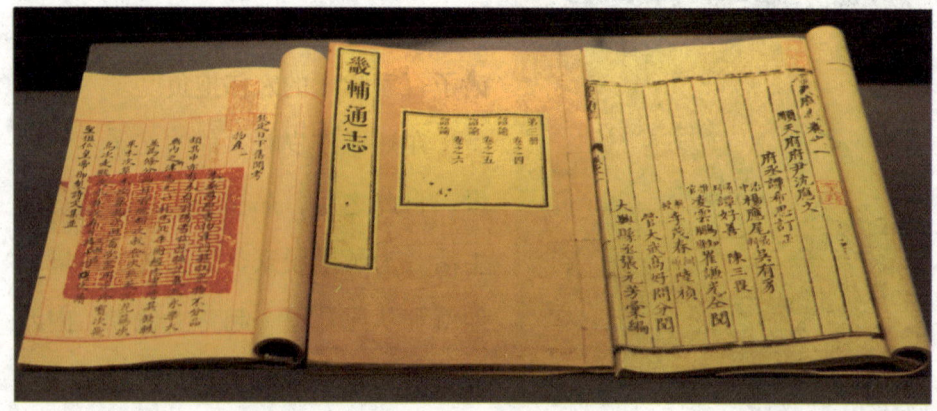

足的纸张笔墨，这部书就很难写成。第三是如果没有得到比当年司马迁更为渊博的学问，这部史学巨著就难以写好。为了得到著《通志》所需学问，郑樵再次背起包袱，独自一个人前往东南各地求借书读。

经过3年的努力，郑樵在30岁刚出头的时候，就读遍东南各地藏书。当时有人称颂他说：

惟有莆阳郑夹漈，读尽天下八分书。

当郑樵得到著《通志》所需学识后，就把书房搬到了夹漈山中的芗林寺，开始了他漫长的修史著书生涯。为了求得朝廷的支持，他写出了一部又一部的新书，并把这些新书寄给朝廷礼部。1138年，郑樵在《上方礼部书》中，明确地向朝廷提出了自己著《通志》的愿望。

郑樵的渊博学问和远大抱负得到抗金派宰相赵鼎、张浚等人的重视。就在这时，由于宋高宗重用投降派首领秦桧为宰相，所以赵鼎等人很快被秦桧排斥出朝廷，并严加迫害。而秦桧在长达16年的时间中，不但不支持郑樵著《通志》，反而接连三次下禁令严禁私人修史和著述，违者以"擅修国史"罪论处。在这种残酷的政治环境中，郑樵所遭受的危险，可想而知。

年已44岁的郑樵遭受了一个又一个厄运，先是他的胞弟郑槱不幸早亡，继之他的幼子郑惕和妻子陈氏相继死去。就在郑樵沉浸在巨大的精神打击时，1148年，秦桧又下了一道严禁私人修史和著述的禁令。这道禁令终于激怒了郑樵，于是他在这一年的冬天，毅然又背起著成的140卷新书，徒步走到南宋京都杭州，他要直接把新书献给皇帝，请求皇帝准许他继续著述。

然而，由于秦桧的阻挠，尽管郑樵在杭州苦苦等待了一年时间，依然见不到皇帝，也得不到朝廷准许他续著的公文。

郑樵见自己著《通志》的路已被朝廷当权者堵死，悲愤不已，但也无可奈何。为了能把自己平生研究的学问传给后人，郑樵在回归山林之日起，就把书房搬迁到远离人烟的夹漈山主峰侧的高山虚谷中，并在夹漈草堂开始著述远避宋朝国史300年的史学巨著《通志》。他要把自己心中的全部愤懑，倾注于《通志》之中。

经过数年的艰苦劳动，郑樵终于在54岁那年，初步写出了这部长达200卷、600多万字的史学巨著《通志》初稿。就在他为无钱买文房四宝抄正《通志》成书而发愁时，所幸有抗金派官员王纶、贺允中、汪应辰等人举荐，郑樵才得以入京受到宋高宗的召对。

在召对时，郑樵见皇帝也很欣赏自己的学术，就当场提出要求皇帝允许他归山著述《通志》，以便早日把《通志》献给朝廷。但宋高宗不能体会郑樵的一番苦心，硬是把他留在朝廷担任一个管理文书档案的小官。

由于郑樵的学术批判和科学精神，得罪了朝中的许多学士大夫，因此他们不愿意看到山林穷儒出身的郑樵也在朝中为官，于是当即有御史叶义问出面以莫须有的罪名弹劾郑樵。昏庸的宋高宗不分青红皂白，竟批准了叶义问的弹劾，让郑樵以监潭州南岳庙的祠官回夹漈山抄正《通志》。

郑樵对自己无辜受罪是痛恨于心的。但为了《通志》，强忍奇辱，毅然凭借一人之力，在高山虚谷中发愤著述。到了1161年，58岁的郑樵终于完成了这部划时代的史学巨著《通志》。

这一年的夏天，当郑樵把这部倾注他毕生心血的巨著送到杭州时，宋高宗由于战事无暇顾及接收《通志》上殿，便让郑樵在朝廷担任枢密院编修官。

一生不愿在朝廷为官的郑樵，因这个官职可以使自己得以方便在朝中读到许多至今尚未读到的图书，于是便欣然接受皇帝所封之官，随之不顾自己年老体衰，又一头钻进书山学海。

然而，使郑樵万万没有想到的悲剧又发生了。由于朝中学士大夫嫉恨郑樵的高明学术，他们害怕《通志》流传于世，于是他们就照搬叶义问诬陷郑樵的卑劣手段，联名上疏弹劾郑樵。

这一次高宗没有罢去郑樵的官职，但他很快终止了郑樵到三馆借书读的方便，同时也不愿为郑樵分清是非。

郑樵见自己一生清白到头来要遭受如此不白之冤，忍愤不过，当即病倒在床，随之蒙冤而逝，年仅59岁。

《通志》全书200卷，有帝纪18卷、世家3卷、后妃传2卷、年谱4卷、略52卷、列传106卷、载记8卷、四夷传7卷，500多万字。《通志》为纪传体，在体例上也做了一些修正。把"年表"改称"年

谱"，把"志"改称"略"，保存了《晋书》的"载记"部分。

《通志》卷帙浩繁，规模宏大。其记事断限，大抵本纪从"三皇"到隋，列传从周到隋，"二十略"从远古到唐。他注重选择史料，融会贯通，也能自成体系。其基本方法是尽可能全面地汇总各种史料，按照年代先后予以整理、编排，探其源流，理出各种事物从古到今的发展过程。

《通志》中只有《年谱》，在《六书略》和《七音略》中保留了表图形式，其他部分并未见图谱，但郑樵提出的以实为证，以图为辅的著书思想，是他的实学精神的具体体现，为他所独创。其中"总序"和"二十略"是全书的精华。特别是其中氏族、六书、七音、都邑、昆虫草木五略，前史所无，实属珍贵。

知识点滴

　　郑樵在清芳寨山麓的3间茅屋里著书时，有一天，秋风寒浸浸地冷透肌骨，正在伏案执笔不休的郑樵不禁打一个寒战。他环顾四周，草堂虽然简陋，却是自己亲手盖的。这里远隔人寰，静谧得很，真是读书著述的幽静胜地。他心想，应该给这个草堂取个名字。

　　这3间茅屋坐落在清芳寨和乡林寺之间，中间隔一条龙潭坑溪涧，两山夹一，就取名"夹漈草堂"吧。郑樵自言自语地说："从此，我这溪西逸民可别号夹漈先生了！"于是他饱蘸浓墨，端端正正地写了"夹漈草堂"4个大字。

刘宋纪传体史书——宋书

南北朝时期，有一个人叫沈约，在他小的时候，唯一的爱好就是读书。他家里很穷，自己买不起书，他就去向别人借，为了借书，沈约跑遍了邻近的人家。

有一天，夜已经很深了，母亲看到沈约的房间里还亮着灯，里面还传出读书声，就走进沈约的小屋，轻声说："歇会儿吧，该睡觉了。"

沈约吹灭了灯，但母亲走后，他又悄悄地把灯点着，继续读书。过了几天，母亲见儿子的双眼布满了血丝，就感到很奇怪，便留心观察，这才知道了原因。

于是，每天晚上，母亲在给沈约的灯碗添油时，都要少倒些油。这样一来，灯点不了多长时间，灯油就耗尽

了，沈约就会早些睡觉了。

沈约发觉灯碗里的油少了，明白了母亲的意思。于是，他就白天抓紧时间读书，晚上当灯油点完后，他就默默地背诵白天读过的文章。慢慢地，沈约读了很多书，有一些他喜欢的文章，还能一字不漏地背诵下来。

朝中的刺史蔡兴宗听说沈约很有才华，就十分看重他，任命沈约当安西外兵参军，兼任记室。蔡兴宗曾对他的几个儿子说："沈约人才德行都堪作老师和表率，你们要好好地待他，向他学习。"

后来，蔡兴宗任荆州刺史，他又让沈约担任征西记室参军，并兼任厥西县令。沈约大展才华，得到了大家的肯定，于是他又进京任尚书度支郎。

齐朝初年，沈约任征虏记室，兼任襄阳县令，侍奉齐朝的文惠太子。文惠太子住进东宫后，沈约担任步兵校尉，主管文书记载，校订四部图书。当时东宫人才济济，而沈约尤其受到赏识与青睐。

由于沈约学识渊博，而且口才也很好，文惠太子非常喜欢听他讲授历史上的故事和天文地理知识，不论遇到什么疑难问题都向他请教，文惠太子对沈约很尊敬。

文惠太子有个习惯，就是早晨爱睡懒觉，有些大臣早晨来禀报政事，往往要等到中午才能见到他，有时遇到紧急的公务也往往被耽误了。所以，大臣们对文惠太子很有意见。

沈约听说这件事以后，非常担心。有一天，他就趁辅导太子学习的时候，把这件事跟太子说了，同时，还给太子讲了许多历史上由于帝王不理朝政而给国家带来危害的事。

文惠太子听后，对沈约说："让我早起，这也好办，我非常喜欢听先生讲故事，每次听了收获都很大，甚至忘记了疲劳。所以，我希望你早晨起来，先来见我，给我讲些东西，我就可以改掉早上睡懒觉的习惯了。"

于是，每次沈约去见太子，总是谈到太阳落山才回家。后来沈约成为太子家令，又兼任著作郎，历任中书郎等多种职务。

沈约不仅博通群书，还写得一手好文章，他对史学还具有浓厚的兴趣。从20岁起，他用了整整20年时间，利用业余时间私自撰写了史书《晋史》，可惜这部书后来却不知去向了。

梁武帝萧衍夺取了南齐政权后，建立了梁朝，史称南梁。梁武帝把灭齐有功的骠骑司马和征虏将军沈约任命为尚书，封为建昌侯，对他十分宠信。

梁武帝在宫中宴请群臣，席间有一道菜是豫州进贡的栗子，肉厚味美。梁武帝兴致所至，就问沈约说："关于栗子的掌故，卿知道多少呢？"

"臣全都知道。"沈约脱口而出。

梁武帝也是个博学多才的皇帝，他看到沈约如此大言不惭，便说："那我俩来比赛一下，看谁知道得多，怎么样？"

沈约见梁武帝兴致勃勃，不敢扫了他的兴，只得答应。于是，梁武帝吩咐内侍取来笔墨锦笺，和沈约分别写了起来。

两人都写好后，当场向参加宴会的大臣们揭示。结果，沈约所写的掌故比梁武帝少了3个。梁武帝十分得意，吩咐侍者斟酒，一连罚了沈约3大杯。

宴会散后，有个大臣和沈约一起走出宫门，悄声问道："沈大人素称博学，怎么会忘了那几个掌故呢？"

沈约酒已半醉，笑了笑，随口答道："皇上十分好胜，我如果不让他，还可以写出几个，那会把皇上羞死。"

沈约的话很快传到了梁武帝的耳中。梁武帝认为沈约这样说是贬低自己，犯上无礼，十分恼火。他本想把沈约下狱治罪，幸亏侍中徐勉是沈约的至交，极力加以劝阻，才使沈约免于身陷囹圄。

徐勉把梁武帝要治罪的情况告诉了沈约，沈约十分懊悔自己的失言，知道自己已失去了宠信，便多次请求离京到外地去任职，但梁武帝不批准。

沈约知道梁武帝不会放过自己，便整日处于忧虑恐惧之中。没过多少日子，他的精神终于崩溃了，经常疾病缠身，人也日益消瘦。

沈约认为自己活不多久了，就写信给好友徐勉，说自己从上次宴会至今不过几个月时间，腰身已经瘦了好几寸，而且胳臂一个月也要瘦几分。以此推算，就知道自己也许不久于人世了。

徐勉接信后就几次前来看望沈约，见沈约果真一次比一次瘦得厉害，就劝慰沈约不要过分忧虑。但是，沈约仍然生活在恐惧之中，腰身更是一天比一天瘦，这就是传说的"沈约瘦腰"。

有一次徐勉又来看望沈约时，他们谈起史学的事，沈约是津津乐道，徐勉就提议沈约写一部宋史，以便让沈约找到精神的归宿。沈约欣然答应了，从此就精神焕发，一心从事宋史的编撰工作。

沈约用了不到一年时间，就撰成了《宋书》的纪和传共70卷，起于东晋安帝义熙之初，终于宋顺帝升明年间。在《宋书》的第二个阶段，沈约记载了东晋末年及刘宋一代的史事。

《宋书》是一部纪传体断代史，记述了南朝刘宋王朝自刘裕建基到刘准首尾60年的史实，全书100卷，纪10卷、志30卷、列传60卷。

《宋书》在纪传中，多载诏策奏疏和时人辞赋文章，保存了不少文献材料。

《宋书》的思想体系，基本属于正宗儒家系统，书中主要宣扬了君权神授和天人感应的神学思想。

《宋书》列传多为合传或类传，在写法上，大量使用了带叙法。带叙法就是在一些列传中，将相关人物的简历和事迹，在传主行事的记叙中夹带写出。

《宋书》的志有8个门类，包括《律历志》《礼志》《乐志》《天文志》《符瑞志》《五行志》《州郡志》《百官志》，号称"宋书八书"，分量几乎占全书的一半，是书中的精华所在。

《宋书》收录了当时的诏令奏议、书札、文章等各种文献较多，保存了原始史料，对后代研究这段历史具有重要意义。

知识点滴

南朝梁武帝的儿子名叫萧统，就是昭明太子。萧统刚生下时，右手紧捏拳头，不能伸直，东宫娘娘以及宫女都没法掰开，梁武帝为此十分担忧。有位大臣说："皇上何不张榜招名医诊治呢？"梁武帝觉得有理，就张榜招贤，谁能掰开太子的手，太子就拜他为师。

沈约见了榜文，就揭榜前去一试。说来非常奇怪，他捧起太子的手，轻轻一掰，紧捏着的小拳头就分开了。梁武帝十分高兴，就赐封沈约为太子的老师，专门教太子读书。

编年纪事

　　编年体是我国传统史书的一种体裁。编年体记录历史的方式最早起源于我国。它是以年代为线索编排有关历史事件，以时间为经，以史事为纬，比较容易反映出同一时期各个历史事件的联系。如《资治通鉴》，它是我国第一部编年体通史，也是我国编年体通史的杰作。

　　纪事本末体是以事件为主线，将有关专题材料集中在一起的史书体例。首创者是南宋的袁枢，他的《通鉴纪事本末》就采用这种体例。除此之外，还有《明史纪事本末》《圣武记》等。

首部编年通史——资治通鉴

北宋时期，有个小孩叫司马光，在他7岁的时候，行为举止就像个成年人，听到有人讲说《左氏春秋》，他就喜爱上了这部书，然后回去给家人讲解，就能讲述其中的大概要旨。从此以后，司马光手不释卷，以至不知饥渴寒暑。

一次，一群小孩在庭院中游戏玩耍，一个小孩登上瓮缸，失足落入缸中，大伙都逃弃而去，只有司马光搬起石头砸破瓮缸，缸水迸发流出，落水的小孩因此而得救。此后京城洛阳间把这一故事画成图画，从此司马光砸缸这个故事就流传开来。

在宋仁宗宝元初年，司马光考中进士甲科，那年刚满20岁。他生性不爱奢侈华丽，皇上赐喜宴，喜宴上独有他不戴红花，同伴们对他说："君主的赏赐是不可以违背的。"于是他才插上了一枝红花。

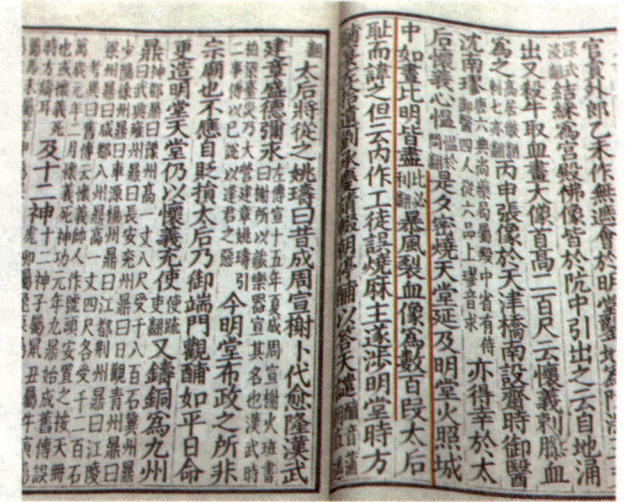

后来司马光被任命为奉礼郎。当时司马光的父亲司马池在杭州，于是司马光要求改任签苏州判官事以便侍亲，得到朝廷准许。

在此期间，司马光的父母都去世了，司马光开始守丧。因为过度悲伤，司马光的身体变得虚弱。守丧期满后，司马光又回到朝廷继续任职。素有知人之能的大臣庞籍极力推荐他，并予以重任。

在司马光任并州通判期间。西夏人总是想侵吞麟州一带的良田，因此这块地方成为大患。

这时，负责靖边的庞籍命令司马光前去按察巡视，司马光建议："修筑两个城堡来控制西夏人，招募百姓耕种，耕种的人多，那么买进粮食的价格就会低，也可以渐渐解除河东高价买进粮食远距离运输的忧患。"庞籍同意了他的建议。但麟州将领郭恩勇猛而又狂妄，带领部队连夜渡过屈野河，却没有设防，结果被敌人消灭，庞籍因此获罪去职。

司马光3次上书自责引咎，没有得到朝廷的答复。后来庞籍去世了，司马光为了报答庞籍的知遇之恩，对他的妻子好比自己的母亲，抚养他的儿子好像自己的兄弟，当时人们都称赞司马光是个贤人。

　　有一次宋仁宗得病，著名的谏官范镇首先提出建议，皇帝继承人没有立定，天下人寒心但不敢作声。这时，在并州的司马光听到后接着提出建议，并且写信勉励范镇以死相争。

　　后来，司马光面见宋仁宗说："我过去任并州通判时，上呈了3个奏章，希望陛下果断切实实行。"

　　宋仁宗沉思了很久说："莫非是想选择宗室做继承人吗？这是忠臣之言，只是人们不敢提及而已。"

　　司马光说："我说这事，自己认为必死无疑，想不到陛下如此开明并采纳。"

　　宋仁宗说："这有什么害处呢？古往今来都有这样的事。"

　　司马光退下后一直没有听到诏命，又上疏说："我从前进呈建议，估计马上会实行，现在寂无所闻，未见动静，这一定有小人说陛下正当壮年，何必马上做这种不吉祥的事情。小人没有长远的考虑，只是想在匆忙的时候，援立与他们关系很好的人而已。"宋仁宗看到此疏，大为感动地说："把此疏送往中书省。"

司马光见到韩琦等人说："诸公现在不及时决定皇位继承人这件事，将来禁宫中夜半传出寸纸片言，以某人为皇嗣，那么天下人不敢违抗。"

后来，仁宗皇帝下了诏命，任濮王赵允让之子赵曙为皇子，于是赵曙接受了当皇子的诏命。赵曙就是后来的宋英宗。

司马光不畏惧自己的生死，而是为国家社稷着想，可见他的贤能远胜他人。

宋神宗即皇位后，提拔司马光为翰林学士，司马光极力辞谢。宋神宗说："古代的君子，有的有学问而没有文采，有的有文采而没有学问，只有董仲舒、扬雄二者兼而有之。你有学问有文采，为什么要推辞呢？况且你能够取得进士高第，为什么呢？"终没有获准辞谢。

司马光上疏论修心的要旨有3条：仁义，明智，武略；治国的要旨有3条：善于用人，有功必赏，有罪必罚。司马光的这些主张很完备。他事奉3朝，都是以这6句话呈献，平生历学所得，全部都在这里。

后来，司马光担任翰林兼侍读学士。他常常担心由于历代史籍浩繁，皇帝不能全部阅览，于是写了《通志》8卷呈献宋英宗。宋英宗很高兴，命令在秘阁设置机构，续修这部书。到这时，宋神宗给此书命名为《资治通鉴》，并亲自给此书写了序，让司马光每天进读。

在写这部书的时候还有个小故事。司马光在洛阳的时候，着手写《资治通鉴》，他用圆木做了一个枕头，取名"警枕"，意在时刻警惕自己不要贪睡。头枕在这样一块圆木头上，进入梦乡后，身子只要稍微一动，"警枕"就会滚动，将自己惊醒。惊醒后的司马光立即起床，继续握笔写书。

《资治通鉴》简称《通鉴》，是一部长篇编年体史书，共294卷，300万字，耗时19年完成。记载的历史由周威烈王时的公元前403年开

始，一直到五代时期的后周世宗显德年间的959年征淮南为止，计16个朝代，包括秦、汉、晋、隋、唐统一王朝和"战国七雄"、魏蜀吴三国、五胡十六国、南北朝、五代十国等其他政权，其时间跨度达1362年。

在这部书里，司马光总结出许多经验教训，供统治者借鉴，书名的意思是"鉴于往事，有资于治道"，即以历史的得失作为鉴诫来加强执政管理。《资治通鉴》另有《考异》《目录》各30卷。是我国编年史中包含时间最长的一部巨著。

《资治通鉴》的内容以政治、军事和民族关系为主，兼及经济、文化和历史人物评价，目的是通过对事关国家盛衰、民族兴亡的统治阶级政策的描述警示后人。

《资治通鉴》所记历史有限，全书按朝代分为16纪，包括《周纪》5卷、《秦纪》3卷、《汉纪》60卷、《魏纪》10卷、《晋纪》40卷、《宋纪》16卷、《齐纪》10卷、《梁纪》22卷、《陈纪》10卷、《隋纪》8卷、《唐纪》81卷、《后梁纪》6卷、《后唐纪》8卷、《后晋纪》6卷、《后汉纪》4卷和《后周纪》5卷。

　　《资治通鉴》既是史家治史以资政自觉意识增强的表现，也是封建帝王利用史学为政治服务自觉意识增强的表现。司马光的《资治通鉴》与司马迁的《史记》并列为中国史学的不朽巨著，所谓"史学两司马"。

　　《资治通鉴》自成书以来，历代帝王将相、文人骚客、各界要人争读不止。点评批注《资治通鉴》的帝王、贤臣、鸿儒及现代的政治家、思想家、学者不胜枚举、数不胜数。

知识点滴

　　在司马光五六岁的时候，有一次他拿了一只青胡桃，请他姐姐帮忙剥掉胡桃的皮，姐姐忙了半天也没有剥下皮，就生气地走开了。一会儿后，家里的女佣过来，知道司马光想吃胡桃，就舀来一碗开水，把青胡桃放进水里。胡桃经开水一泡，很容易皮就剥下来了。司马光的姐姐从里屋出来，看见他在吃胡桃，就问胡桃皮是谁剥的。

　　司马光说："当然是我剥的，我想了个办法，用开水一泡，这皮就剥下来了。"正在这时，司马光的父亲走进屋来，狠狠地训斥说："你这孩子，怎么能说谎话！"司马光知道自己错了，马上低下了头。从此，司马光牢记父亲教诲，老老实实做人，再也不撒谎了。

治乱兴衰——通鉴纪事本末

南北朝时期的吴郡太守君正，有个儿子叫袁枢。袁枢从小就特别聪慧颖悟，5岁入乡塾读书，到七八岁时就能吟诗作对。

袁枢幼年就能赋诗，很有抱负，在乡里传为神童。有一次，袁枢在自家的屏风上题了一首小诗：

泰山一叶轻，沧浪一滴水；
我观天地间，何曾犹一指。

其诗意联想奇特，口气不凡，出自只有七八岁的少儿之口，不禁让人惊奇。

袁枢世代家族显贵，他性情沉着恬静，喜欢读书。虽然家里很有钱，但是他的生活起居一向俭朴。他总是自己坐在屋子里，没有什么重大的事情从不出来，而且他对名利也非常淡薄。

后来，袁枢在太学度过了9年时光后，参加了礼部考试，得了文科

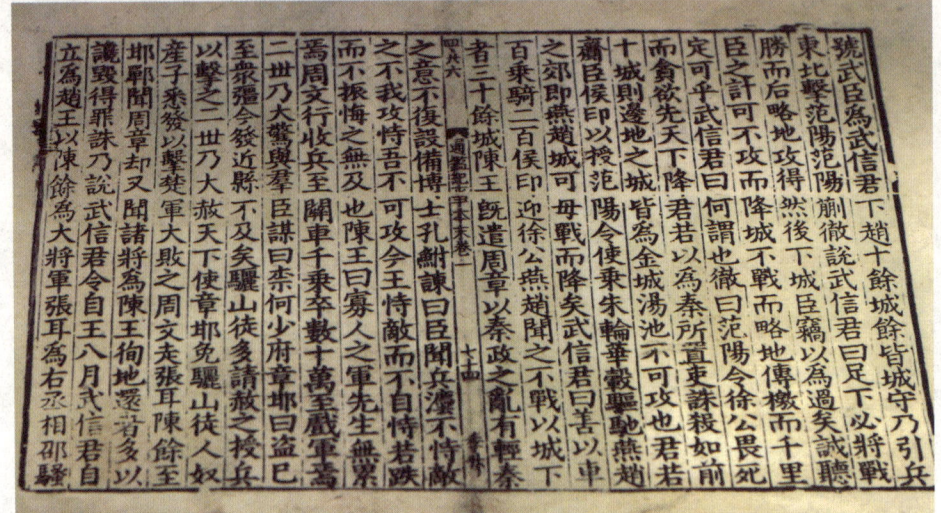

状元，不久又中了进士。被任命为梁秘书郎，历任太子舍人。

"侯景之乱"时，袁枢父亲去世。当时天下纷乱，人人企求苟且幸免，袁枢服丧以至孝闻名。王僧辩平定侯景后，镇守京城，文武官员争相前往造访求职，袁枢却独自闭门静处，不求显赫之功名。

袁枢与朱熹、吕祖谦和杨万里是同时代人，当时的社会经济和学术文化都有一定的发展，但是民族矛盾和阶级矛盾却处于比较紧张的状态，这一现实，对于抱有"爱君忧国之心，愤世疾邪之志"的袁枢来说，只有像司马光那样，拿起史笔，来抒发自己的报国忧民之情。

袁枢为人正直，对政治腐败、朋党互争、压制人才等丑恶社会现象是很不满的。他为国史院编修官，分配负责撰修《宋史》列传时，故相章敦的后代曾以同乡关系，要求他美饰章敦的传记，被袁枢严词拒绝。他说：

吾为史官，书法不隐。宁负乡人，不可负天下后世公议。

当时宰相赵雄听到这件事后，即称赞他"无愧古良史"。当时现实政治的直接刺激，是袁枢编纂《通鉴纪事本末》的原因之一，给内外交困的赵宋封建政权提供安邦治国的药方。另一个原因，是为了解决读《资治通鉴》的困难。

由于《通鉴》记述了1300多年的史实，每年记述，对于一件事情连续好几年的，未能连贯记述，如果要了解其全貌，就要翻阅好几卷，读者很不方便。

司马光本人也感觉到这一不足。据说《资治通鉴》修成后，司马光希望写作班子以外的有关人员再看一遍，但使他很失望，只有一个叫王胜之的借去看了一遍，别的人面对这部巨著，有的只翻了几卷，有的只看了几页就不想再看了。司马光晚年时曾经想另写一部《资治通鉴举要历》，把《资治通鉴》简化一番，但他老了，已力不从心。

袁枢喜读司马光的《资治通鉴》，但苦于篇幅浩博，要了解某一

历史事件的来龙去脉很不方便，于是他便以事件为纲，集中抄录《资治通鉴》的有关原文，"每事各详起讫，自为标题；每篇各编年月，自为首尾"。

最后，他把《资治通鉴》294卷的内容，时间跨度1362年的编年史改编为239个以事件标目的专题，全书缩减为42卷。因各专题记一事之本末，故将这种史书体裁称为"纪事本末"。因其文总括为239事，独立成篇，创造《通鉴纪事本末》这一新的写史体例，兼有纪传、编年二者优点，使"数千年事迹经纬明晰"，对后世影响极大。

《通鉴纪事本末》按年代顺序编录，每事自立标题。概括了《通鉴》的全部史事，篇幅却不及原书的一半，因此它又有简明概括、便于普及历史知识的显著优点。《通鉴纪事本末》不仅以"文省于纪传，事豁于编年"的记述效果，向人们展示全史的轮廓，而且以类似章回小说的专题叙事，让人感受到历史的生动性。

《通鉴纪事本末》同司马迁的纪传体《史记》、司马光的编年体《资治通鉴》，同为史学上的三大巨作，列为历史上的三大体裁，袁枢与司马迁、司马光并驾齐驱，对中国历史的书写有极大的帮助。

《通鉴纪事本末》的史学价值在于创立了"以事为纲"的纪事本末体裁。在史书中，时间、人物、事件本来同为历史记载的要素，其中集时、地、人为一体的"事"，更是令人瞩目。

在纪事本末之前已流行多年的编年、纪传二体，因受自身体裁的局限，未能很好承担叙事责任。纪事本末体史书弥补了这一缺陷，以事件为中心，按时间的先后集中史料加以叙述，使人们便于了解每一事件的起因、经过和结果。《通鉴纪事本末》的问世，丰富、完善了古代史书体裁，从此纪事本末与编年、纪传一起，形成我国古代史体的三大支柱，对后世影响极大。

在袁枢十五六岁的时候，有一天，他在家乡附近的南乡桥上游玩，并题了一首诗："玉龙倒影挂寒潭，人在云霄天地间。借问是谁题柱去，茂陵词客到长安。"这首诗显露了袁枢不想局促在区区乡村，希望到京城建功立业的宏大胸襟。

袁枢幼年就能赋诗，在乡里传为神童，在他17岁的时候就进入杭州太学学习。他不仅学习刻苦，而且品行出众，当年的学官周必大、刘珙都对他寄予厚望，认为他前程无量。

知识点滴

纪事史书——明史纪事本末

清顺治时期，有一个聪颖过人的少年叫谷应泰，他从小就博闻强记，而且勤学好学，在县学念书，学业上进步很快。

谷应泰20岁时取得了举人出身。在7年后的1647年，他参加了由顺治皇帝主持的殿试，取得了进士登第。在此之后，他先后任户部主事、员外郎，后任提督浙东浙西地方的学政金事。他在浙江提学上任时，考选公正。

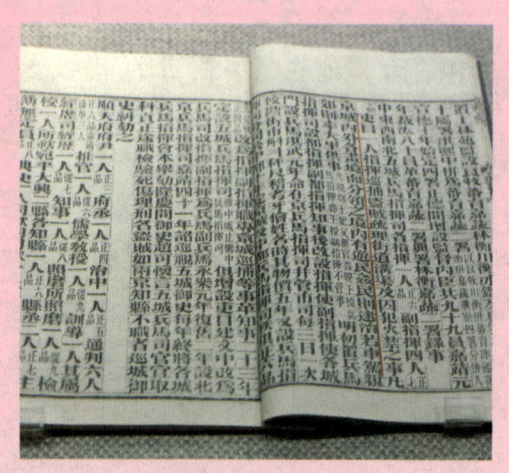

两浙提学的衙门设在杭州。唐宋以来，随着经济文化重心的南移，杭州日益繁华，西湖成为名不虚传的旅游胜地，也是骚人墨客出没的场所。

谷应泰有意效法白居易、苏轼，纵情山水。他在湖山的顶上建有一所类似书院式的文化别墅，收藏大量图书，在别墅的门上，亲自题匾："谷霖苍著书处。" 他在担任浙江提学时期，选拔了不少人才，输送朝廷，官居要职，因此获得了来自朝廷的支持。

同时，谷应泰在杭州潜心学术研究，又获得浙江一带文人学士的舆论赞赏。因此，他留下来的文化别墅，被视为重要名宦古迹。《明史纪事本末》是谷应泰在浙江从事学政之余，仿照袁枢的《通鉴纪事本末》撰写的。

《明史纪事本末》80卷，每卷为1目。纪事始于元至正年间的1352年、朱元璋起兵，迄于明崇祯时期的1644年、李自成农民军攻入北京为止。

在《明史纪事本末》中，谷应泰记述了重要的历史事件的始末。该书选录了80个历史事件或专题，按时间顺序编排，记述始末，首尾一贯，简明扼要。卷末附有作者的史论。

《明史纪事本末》虽然没有全面记录明代的重要历史事件，甚至对明代各项政治经济制度、郑和下西洋扩大我国和南洋地区经济文化交流等，都付诸阙如。但由于该书出于清代官修《明史》以前80余年，根据作者的社会关系、地位、财力和才能所能得到的条件，他广泛采集私家野史，综合多种明代资料，所记明成祖设立"三卫"、进军漠北，及沿海倭患、议复河套等事，都远较《明史》为详。

尤其是关于农民起义的专题，竟有15篇之多，约占全书五分之一。对于宦官阉党的专横，也有详细的叙述。所有这些，为我们研究明代社会问题和对外关系等，提供了不少可贵的参考资料。

《明史纪事本末》的优点，是它能在明代近300年千头万绪的史事中，提纲挈领地选取80个专题，记载明代重大史事，包括了政治、军事及典章制度的基本内容，涉及漕运、河工、矿监、税使等与国计民生攸关的问题。

《明史纪事本末》详于政治，略于经济和典章制度，且选录的历史事件也不够全面，但因成书较早，又综合多种明代史料编纂而成，有一定的史料价值。

知识点滴

清顺治年间，谷应泰提督浙江学政，编《明史纪事本末》，以五百金购买《石匮书》。《石匮书》又名《石匮藏书》，为明末清初张岱撰，220卷，有本纪、志、世家、列传。张岱因当时家贫，只好将书卖与谷应泰。谷应泰的《明史纪事本末》多取材自此书。

康熙初年，谷应泰编修《明史纪事本末》时，张岱参与其中，得以望见崇祯一朝的大量史料，于是完成了记叙明崇祯朝和南明史事的《石匮书后集》，分本纪、世家、列传。体例如《石匮书》，共63卷，附录1卷。

专题纪事本末体——圣武记

在清乾隆年间的1794年4月23日，在当时的湖南邵阳县金潭，也就是现在的邵阳市隆回县司门前镇，出生了一个聪颖异常的男孩，这个男孩就是魏源。

魏源出生于诗书世家，祖父有学问但隐居不仕，父亲也是个读书人。魏源从小聪慧，但沉默寡言，常常整日独坐。

魏源的祖父看着孙儿的相貌，曾经这样说道："这孩子性情相貌都不平常，不要把他当作一般孩子来养育。"

魏源从小就很少嬉笑打闹，也不爱多言，老是单独一人静悄悄地坐在一边。到了读书识字的年龄后，他就经常把自己关在书楼上刻苦攻读。由于他平时很少下楼来玩耍，所以连自己家里喂

的狗都认不得他这个小主人。

在一个月明星稀的夜晚，魏源在书楼上读着读着，突然兴致大发，独自下楼，准备去住房后面的潭湾里欣赏"潭湾夜月"的美景。哪想到他刚走下楼梯，几只看家狗便一齐扑了过来，围住他狂吠乱叫，把小魏源吓得大气都不敢出。幸好家人迅速跑来解围，他才没被自己家里的狗咬伤。

魏源七八岁时，进入书塾学习。他读书非常用功，对好书爱不释手，常常伴灯苦读到天明。母亲怕他熬坏了身体，常常催他早点睡觉，有时硬是吹灭灯逼他去睡。但等到母亲睡后，他又悄悄起来，点上灯，用被子遮住光读起来。小小的魏源就是这样勤奋地读书。

魏源在9岁那年，去参加县里的童子试，并且在考试中一鸣惊人。在去参加童子试前，老师见他年纪尚小，很不放心，就考他对对子，老师出上联"闲看门中月"，这是拆字联，门中月合起来是"闲"字。魏源抬头一看墙上正好挂着一幅"春耕图"。他当即对出下联"思耕心上田"。老师激动地说："好，对得好！"

考试的日子到了，堂上几十名儿童熙熙攘攘，县令忽然发现群童中有一个孩子眉清目秀，举止潇洒，十分可爱，于是特地召他上来一试，这个孩子就是魏源。

县令面前放一只茶杯，茶杯上画着太极图，他当即出句说："杯中含太极。"魏源临来之前母亲给他烙了两张大饼揣在怀中，此时，他一摸胸口，有了！从容对答说："腹内孕乾坤。"

众人听后大为惊异，县令也觉奇怪，忙问："何谓乾坤？"魏源对答："天地谓乾坤，我怀中的两张饼正像乾坤，我吃了它，就要考虑天地间大事了！"

大家听了，一致称赞这小家伙有奇才。从此，魏源也就扬名乡里了。

传说魏源小时候是很笨的，天天只知贪玩，父亲想着这样下去不行，得去找个先生来教他。于是父亲找来了先生，并与先生约定，只要魏源能认识一个字，就给先生一担谷，先生想这还不容易。

第一天，先生教魏源认"一"字，并且说不管是横写竖写都念"一"字，魏源说"我记住了"。于是先生去给魏老太爷报喜，当然也是想老太爷兑现承诺，把一担谷给自己。

魏老太爷当时正好在打谷场看长工们晒谷，他顺手拿起一个摊谷用的耙子在谷子中间拖了大大的一竖，问魏源："这是个什么字？"

魏源看了半天，摇头说不认识。老太爷生气地拂袖而去，先生气

得直翻白眼："这不是'一'字吗？刚才才教给你的呀！"

魏源愣头愣脑地说："你教的'一'字哪有这么大啊，这么大的'一'字，我从来没有见过，所以我不认识。"

这下先生真的生气了，他把魏源拖进书房，顺手拿起桌上的砚台就砸了过去，把魏源的头砸个正着。魏源两眼一翻，直挺挺地倒了下去。先生这下慌了，怎么办？逃啊！于是先生赶快收拾起铺盖，急急地逃跑了。

先生跑到半路，魏老太爷从后面赶上来了，这下先生吓得不轻，看来要赔命了。哪知魏老太爷一上来就拉住先生的手说："先生怎么不说一声就走了呢，没关系，我还有两个儿子呢，你帮我继续教吧。"这下先生可是大受感动，发誓要把平生所学倾囊相授。

其实魏源并没有被打死，只是昏过去了，说来也奇怪，魏源醒来

后就对父亲说，他梦见一个老人给他煮了一大锅书吃，他实在吃不下了才胀醒的。从此，魏源的学业突飞猛进，先生教一，他知道十，先生教十，他知道百，没多久就可以去参加乡试了。

后来魏源参加了考试，并考取了秀才，后又中了举人，之后就到朝里做了官。

当时社会动乱加剧，魏源目睹道光时期的1840年爆发了鸦片战争，外国侵略危机使他更加愤激，进一步激发了魏源的爱国热情。

后来魏源又参与了抗英战争，并在前线亲自审讯俘虏。他看到清政府和战不定，投降派昏庸误国，愤而辞归，立志著述，1842完成了《圣武记》。

《圣武记》全书共14卷，前10卷以纪事本末体记述清王朝建立至道光年间的军事历史，后4卷《武功余记》是对有关军事问题的论述。卷4中《乾隆戡定回疆记》《乾隆绥服西属国记》《乾隆新疆后事记》《道光重定回疆记》《道光回疆善后记》等篇，记载清军平定新疆大小

和卓之乱，绥服哈萨克、布鲁特、敖罕、巴达克山等地区，平定准噶尔之乱等一系列历史事件。

《圣武记》主要将史论与纪事本末体相结合，体现出纪事本末体学术研究的色彩，在改造纪事本末体上做了初步的尝试。

《圣武记》在编撰上的创新，最主要表现在将史论这种传统体例，同纪事本末体体裁有机地结合，开其端绪，奠定了此后纪事本末和当代史和军事史相结合的新趋向，对晚清纪事本末体例和内容产生重大影响。

知识点滴

魏源不仅编撰《圣武记》一书，对纪事本末体例和内容产生了重大影响，他还是清代著名的启蒙思想家，被誉为近代中国"睁眼看世界"的先行者之一。

魏源是一个进步的思想家，他积极要求清政府进行改革，强调除弊兴利，着重于经济领域的改革，在鸦片战争前后提出了一些改革水利、漕运、盐政的方案和措施，要求革除弊端，以有利于"国计民生"。这些主张不仅在当时具有进步意义，对于后来的资产阶级变法维新运动也起了积极的推动作用。

陳壽著三國志

断代通史

　　断代史是以朝代为断限的史书，它的主要特点是只记录某一时期或某一朝代的历史。"通史"是指连贯地记叙各个时代的史实，与断代体史正好相反。既然叫通史，就要求叙述的内容广泛，所有重要事件和研究课题涉及内容不深，但都要涉及。

　　断代史体例始创于我国东汉史学家班固所著的《汉书》。除此之外，还有三国时期的《三国志》，唐代的《新唐书》，元代的《宋史》《辽史》《金史》和《元史》，明代的《明史》，清代的《清史稿》。

首部纪传体断代史——汉书

在东汉末年，出身于显贵和儒学之家的扶风安陵人班彪逐渐成为远近闻名的学者，许多人都来拜他为师或与他探讨学问。随着班彪学问的增长，他准备续写《史记后传》，于是他开始搜集并阅读大量汉朝的典籍。

班彪有两个儿子，一个叫班固，一个叫班超。兄弟俩小时候都很聪明，他们自幼接受儒学世家的良好教育和熏陶，而且还读了不少诗词歌赋以及《左传》等历史著作，特别是班固在9岁时就能写文章和吟诗作赋了。

弟弟班超的文章学问虽然比

不上哥哥班固，但他也非常用功读书，不想输给哥哥班固。有一次，班彪问两个儿子长大了想干什么。班固说："我要学习司马迁，继承父业，写出一部好史书来。"

班超说："我要效法汉武帝时的使者张骞，通西域，安邦定国守边疆。"

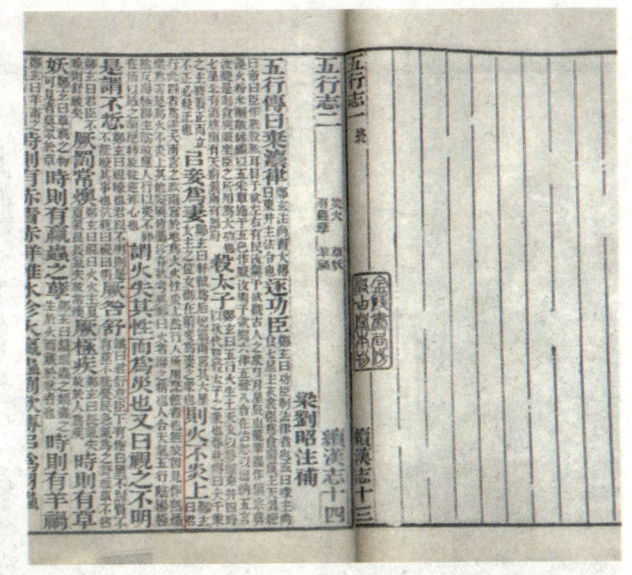

两兄弟谁也不甘落后。班彪看着两个儿子，欣慰地笑了，说："你们都是好孩子，都有自己远大抱负，这很好。如果要实现它，必须不怕困难，坚持不懈，付出辛苦。从现在起，你们就更要努力地学习！"

兄弟俩牢记父亲的教诲，不断地充实自己。在父亲班彪的影响下，班固的思想开阔了，学业也大有长进，与此同时，班固也开始留意汉王朝的大事了。

由于班彪在学术上的高深造诣，前来拜班彪为师的人络绎不绝。这时，有一个孤儿叫王充，他很景仰班彪的学识，于是就从会稽老家来到京城洛阳求学，并拜班彪为师。

王充在求学的时候很虚心，对老师班彪也很敬仰。王充对于班彪的著史追求充满了敬意，称赞班彪的著述理想可与"太史公"司马迁和著名辞赋家扬雄媲美。

　　由于王充经常到老师家中请教，与年纪比他小5岁的班固逐渐熟悉起来，并对少年班固的才能和志向欣赏备至。

　　有一天，王充又来向老师请教，恰好班固也在客厅里，并对他们谈论汉王朝的事不时插上一两句颇具见识的话语，王充听后十分惊奇，不禁抚摸着班固的后背，对老师说："此儿必记汉事！"认为班固将来必定会完成编撰汉代历史的重任。

　　随着年龄的增长，班固开始不满足于儒学世家的家庭教育。为了进一步深造，班固于16岁时进入洛阳太学学习。

　　在太学期间，班固用功苦学，贯通各种经书典籍，不论儒家或其他百家学说，都能深入钻研，同时注重发展见识，并不拘守一师之说，不停留在字音字义、枝枝节节的注解上，而是在贯通经籍大义上下工夫。这为班固以后的史学生涯打下了很好基础。

　　在太学里，班固结识了崔骃、李育、傅毅等同学。因为班固性格宽容随和，平易近人，不以自己才能出众而骄傲，所以得到了同学及士林的交口称赞。

在父亲班彪去世时，班固虽然年仅23岁，但已具备颇高的文化修养和著述能力了。由于父亲去世后生计困难，班固只好从京城迁回扶风安陵老家居住。

从京城官宦之家一下子降到乡里平民的地位，这对上进心很强的班固是一个沉重的打击。但他毫不气馁，立志继承父亲未完的心愿，编写史书，于是他开始了撰写史书的生涯。

不久后，正当班固全力以赴地撰写史书的时候，有人告发班固"私修国史"。于是，班固被关进了京兆监狱，书稿也被官府查抄了。

在当时，不仅"私修国史"是被严格禁止的，甚至"国史"一般也不能为个人所拥有。

班固虽是外戚后代和儒学世家子弟，但他本身却连个官阶很低的郎官都不是，却如此大胆，敢于私修国史，岂不是触犯了朝廷大禁！班家的人都十分紧张，害怕班固会有什么意外。

班固明白自己根本没有什么罪，他立志著史，不仅是为了继承父亲的遗志，更是为了宣扬"汉德"，所以他才拿起笔来，立志完成父亲的未竟事业。如果此番不明不白地被处死，那么父子两代人的心血岂不是付之东流了！为此，班固忧愤交加，心痛欲裂。

这时，班固的弟弟班超为了营救哥哥，立即骑上快马从扶风安陵老家急驰京城洛阳，他要向汉明帝上书申诉，为哥哥雪除冤枉。

班超赶到洛阳上书为班固申冤，引起汉明帝对这一案件的重视，特旨召见班超核实情况。班超将父子两代人几十年修史的辛劳以及宣

扬"汉德"的意向全部告诉了汉明帝。这时，扶风太守也把在班固家中查抄的书稿送到了京师。

汉明帝读了班固的书稿，对班固的才华感到非常惊异，称赞班固所写的书稿确是一部奇作，下令立即释放班固，并加以劝慰。

汉明帝赞赏班固的志向，器重他的才能，立即召他到京都皇家校书部供职，并封他为兰台令史。任命他与同朝的大臣共同编撰东汉光武帝的事迹。

班固与大臣们同心协力，很快完成了《世祖本纪》的修撰，并得到了汉明帝的赞赏。由于班固在编撰《世祖本纪》过程中的出色努力，他又被晋升为"郎"官，负责整理校准皇家图书。

班固被汉明帝任命为郎官之后，官阶虽然不是很高，但是与汉明帝见面的机会增多了，使得他的文才也逐渐显露出来，在随后的日子里渐渐得到了汉明帝的喜爱。

时间久了，汉明帝也开始关心班固的家人了。有一天，汉明帝突然想到前些日子赶到洛阳阙下为救班固冒险上疏的班超，便问班固："你的弟弟班超在干什么呢？"

班固回答说："他在为官府抄书，挣钱养我的母亲呢！"

汉明帝听后非常欣赏班超，认为班超的勇气和才华浪费了实在很可惜，便授班超为兰台令史。后来，班超奉命出使西域，被封为定远侯。

班固有条件接触并利用皇家丰富的藏书，为他撰写史书提供了重要条件。他在撰写东汉光武帝一朝君臣事迹期间，就显露出了卓越的才华，得到了汉明帝的赏识。

汉明帝鉴于班固具有独力修撰汉史的宏愿，也希望通过班固进一步宣扬"汉德"，特别下诏，让班固继续完成所著史书。

班固开始全身心地投入撰史的事业之中，他撰史的进度也大大加快了。他在父亲班彪所著史书的基础上，广泛搜求，潜心思考与研

究，历时40多年，终于写成了历史著作《汉书》。

《汉书》是我国第一部纪传体断代史，是以西汉一朝为主，上起汉高祖元年，下终王莽地皇四年，共230年的史事。

《汉书》基本上按时间先后为序，对纪、表、志、传做了改造补充："纪"共12篇，是从汉高祖至汉平帝的编年大事记；"表"共8篇，多依《史记》旧表，而新增汉武帝以后的沿革；"志"共分10篇，是专记典章制度的兴废沿革；"列传"共70篇，仍依《史记》之法，以公卿将相为列传，同时以时代顺序为主，先专传，次类传，再次为边疆各族传和外国传，最后是《王莽传》居末，体统分明。

《汉书》以"十志"为主干，展开多种专史的撰述，为古代学术开辟了新领域。《汉书》新创立的4种志，是对于西汉的政治经济制度和社会文化的记载。

《汉书》采用了大量的诏令、奏议、诗赋，还有类似起居注的

《汉著记》、天文历法书，以及班氏父子的"耳闻"等。不少原始史料，班固都是全文录入书中。

《汉书》合并了《史记》中有关南越、东越、朝鲜、西南夷的史料等。这些古老记载，均是后来研究亚洲有关各国历史的珍贵资料。

《汉书》还增补了《史记》对于国内外各民族史的资料，特别是汉武帝以后的史实，比较完整地记述了从远古到西汉末年匈奴民族的历史，比《史记》更加完备，从而提高了《汉书》的价值。

《汉书》开创了我国断代史的叙史方法，体例为后世所沿袭，是研究西汉历史最可靠的第一手材料。

《汉书》在我国文学史上的地位也很突出。它写社会各阶层人物都以"实录"为精神，平实中见生动，堪称后世传记文学的典范。在史书记述形式与内容的统一方面，《汉书》为后世树立了榜样。

《汉书》记载了这样一个故事，说有个富人，很喜欢古董，并收藏了很多。其中有一件稀有的玉盂，工艺精湛，具有很高的历史价值，深受这个富人的喜爱。有一天晚上，一只老鼠跳进了这个玉盂，正巧被这个富人看到了。他非常恼火，盛怒之下，他拿了块石头砸向老鼠。当然，老鼠是被砸死了，可是那个珍贵的玉盂也被打破了。

这件事使富人非常难过，他深深后悔自己的鲁莽，带来了不可挽回的损失。他认识到只考虑眼前，而忽视后果，将给自己带来灾难。他向世人发出警告，不要为了除掉一只老鼠而烧毁自己的房子，具有深刻的寓意。

知识点滴

三国历史断代史——三国志

  三国时期，在蜀国领地巴西安汉，也就是现在的四川南充，一个后来在我国史学界有重要影响的小男孩降生了，他的父亲给他取名叫陈寿。

  陈寿小时候在家中读书，时时受到父亲的关注和督促。正是在这样的家庭环境下，他与父亲建立了深厚的感情。后来，陈寿的父亲病故，他为父亲守孝3年。

  少年时的陈寿聪明好学，他对历史著作特别有兴趣。他先通读了最为古老的历史著作《尚书》《春秋》，后又更精细地研习了西汉史学家司马迁的《史记》和东汉史学家班固的《汉书》，初步了

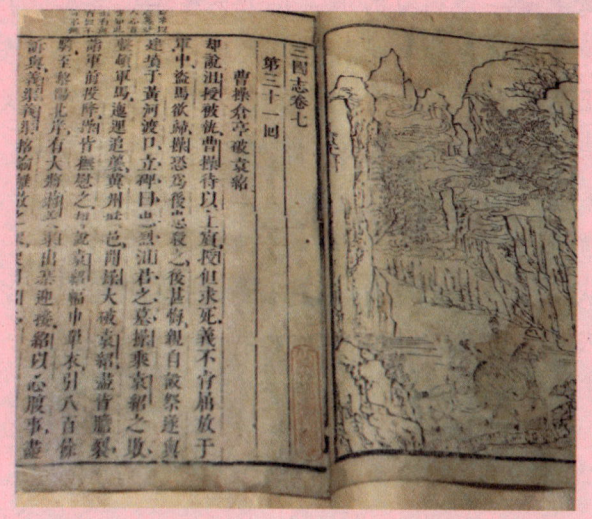

解了写作史书的方法。

　　陈寿在读书的时候遇到一位老师，叫贺钦，他是当时最知名的一位大儒，曾当过吏部尚书，后因为与人不和发生口角，得罪了权贵而被发配到地方。在安汉当地官员的关照下，贺钦谋得了老师的职位。

　　贺钦是一个刚正不阿的好老师，他不但教陈寿知识，更教陈寿做人的道理。小小年纪的陈寿，从贺钦身上学到了做人最根本的信条。

　　陈寿在18岁时，进入了蜀国都城的太学学习，遇到了影响他一生的第二个人物，这就是谯周。陈寿在谯周门下学习时，更进一步刻苦攻读史学，学习取得了长足进步。

　　陈寿25岁那年，他考取了举人，可他并没有骄傲自满，而是继续再接再厉，第二年又考取了进士。

　　陈寿在蜀汉任观阁令史时，当时的宦官黄皓独揽大权，手下人都曲意奉承，陈寿因为不肯屈从黄皓，所以屡遭陷害被贬。

到了西晋王朝建立后，陈寿历任著作郎、治书侍御史等职，后来因为种种原因，他离开了朝廷。在陈寿31岁那年，他回到了家中。他在家中的每一天都在埋头读书，他的文学造诣更是日益加深。

陈寿尽管过着隐居生活，但是天下所发生的一切事情，都看在眼中，他决心要写一部史书。

268年，36岁的陈寿离开故乡，到了晋国都城洛阳，担任晋王朝的著作郎，专门负责编撰史书，从此他的人生步入了一个新的阶段。这时正是天下一统的政治环境，使得陈寿编撰史书的想法成为可能。

陈寿在48岁时，开始撰写史书，历经10年艰辛，一部鸿篇史学巨制终于编撰而成，取名《三国志》。

《三国志》全书一共65卷，《魏书》30卷，《蜀书》15卷，《吴书》20卷。《三国志》名为"志"其实无志。《魏志》有本纪、列

传，《蜀》《吴》2志只有列传。

陈寿在写《三国志》时并不是非常顺利，由于当时他写书的时代太靠近三国时期，可以参考的他人成果并不多，他没有条件获得大量的文献档案。

后来从《魏书》《蜀书》《吴书》3书比较来看，《蜀书》仅有15卷，较《魏书》《吴书》简略一些。因为当时有西晋文学家王沈的《魏书》和史学家韦昭的《吴书》可做参考，这给陈寿搜集史料提供了极大方便。

当时蜀汉政权既没有设置史官，也无专人负责搜集材料，更没有现成的史书可以借鉴。陈寿费了很大工夫，就连一些零篇残文也注意搜寻，《蜀书》才仅得15卷。

《蜀书》中的许多重要人物事迹，记载都十分简略，可见蜀汉的史料是相当缺乏的。另外，因为政治上的原因，陈寿也可能舍弃了一

些材料，这大概是魏、吴两国的史料多于蜀的缘故。

由于陈寿是晋臣，晋国是承魏而有天下的。所以，《三国志》便尊魏为正统。在《魏书》中，陈寿为曹操写了本纪，而《蜀书》和《吴书》则只有传，没有纪。写刘备为《先主传》，写孙权则是《吴主传》。这是史书为政治服务的一个例子，也是《三国志》的一个特点。

陈寿虽然名义上尊魏为正统，实际上却是以魏、蜀、吴三国各自成书，如实地记录了三国鼎立的局势，表明了它们各自为政、互不统属的情况，因此地位是相同的。

就记事方法来说，《先主传》和《吴主传》与本纪完全相同，只是不称纪而已。陈寿这样处理，是符合当时实际情况的，这足见他的卓识和创见。

总体来说，《三国志》记事比较简略，这可能与史料的多少有关。陈寿所编撰的《三国志》在当时属于"现代史"，很多事都是他亲身经历、耳闻目睹的，比较真切。

但是因为时代近，有许多史料还没有被披露出来。同时，因为当时社会恩怨还没有消除，褒贬很难公允，也给材料的选用和修史带来了一定的困难。

《三国志》的取材非常谨慎，后来南朝著名史学家裴松之编撰的《三国志注》中，记载汉魏交替之际的表奏册诏就有20篇之多，而陈寿在《三国志·文帝纪》中，只用了173字的一篇文章就把这件大事写出来了。

又如对东汉群雄之一的孙策之死，陈寿舍弃了神话著作《搜神记》等书上的荒诞传说，只记了孙策为刺客重伤而死的事。这些都反映了陈寿对史实的认真考虑和慎重选择的态度。

《三国志》行文简明、干净，它常用简洁的笔墨，写出传神的人物。比如《先主传》记曹操与刘备论英雄时，当曹操说出"今天下英雄，唯使君与操耳。本初之徒，不足数也"和"先主方食，失匕箸"的话时，刘备韬晦的心情跃然纸上。此外，书中所写其他的名士的风雅、谋士的方略、武将的威猛等，大多着墨不多，却栩栩如生。

《三国志》善于叙事，文笔也简洁，剪裁得当，它不仅是一部史学巨著，更是一部文学巨著。陈寿在尊重史实的基础上，以简练、优美的语言绘制了一幅幅三国人物肖像图，把人物塑造得非常生动，可读性极高。

《三国志》取材精当，陈寿对史实都是经过认真甄别和慎重选择的，对于不可靠的资料进行了严格审核，不妄加评论和编写，非常慎重地取材。

陈寿还能在叙事中做到隐讳而不失实录，扬其善而不隐其蔽。他所处的时代，各种政治关系复杂，历史与现实问题往往纠缠在一起，他在用曲折方式反映历史的真实方面下了很大的功夫。特别是对汉魏关系有所隐讳，措辞委婉曲折，往往在别处透露出一些真实情况。

如建安元年，汉献帝刘协迁都许昌，本是曹操企图挟天子以令诸侯的不轨之举，但陈寿在这里并没用明文写曹操的政治企图，因为这是隐讳，他只写了迁都而不称天子，却说是曹操的谋士董昭等劝汉献帝迁都许昌。

另外，陈寿在《三国志·荀彧传》《三国志·魏志·董昭传》和《三国志·周瑜鲁肃吕蒙传》中都揭露了当时的真实情况。陈寿对蜀汉虽怀故国之情，他却不避讳刘备和诸葛亮的过失，记下了刘备以私怨杀张裕和诸葛亮错用马谡等事，这体现了陈寿作为一个良史之才的特点。

《三国志》从东汉末年的战乱开始记载，重点也是以东汉末和三国时代的历史为主，并不是以西晋王朝结束三国统一为主，因此对三国中后期的历史事件记载比较简略。

因为当时晋朝正在准备编撰《晋书》，正在为年限的起始而争论。特别是当时著名的政治家、军事家杜预和张华也都推荐了陈寿参加编撰《晋书》，他为了避免与《晋书》重复才如此处理。

陈寿的《三国志》以东汉末期到三国中期为主，总体上具有一定的真实性。《三国志》与前三史《史记》《汉书》《后汉书》一样，都是私人修史。陈寿去世后，当时的尚书郎范頵上表说：

> 陈寿作《三国志》，辞多劝诫，明乎得失，有益风化，虽文艳不若相如，而质直过之，愿垂采录。

由此可见，《三国志》书成之后，就受到了当时人们的好评。陈寿叙事简略，很少重复，记事翔实。在材料的取舍上也十分严谨，为后世历代史学家所重视。后来史学界把《史记》《汉书》《后汉书》和《三国志》合称"前四史"，视为纪传体史学名著，并给予了很高的评价。

据《三国志》记载：诸葛亮很有学识，刘备知道后渴望诸葛亮辅佐，便和关羽、张飞去拜访诸葛亮。谁知诸葛亮刚好出游，刘备等人失望而归。过了几天，刘、关、张冒雪二次拜访，不料诸葛亮又出外闲游去了。刘备只好留下一封信。几天后刘备择日又往，当时诸葛亮正在睡觉，直到他醒来刘备才让人通报。这次终于得见。

诸葛亮被刘备的诚心打动，决心出山帮助刘备平定天下，为刘备"鞠躬尽瘁，死而后已"。"三顾茅庐"的故事广为流传。

知识点滴

唐代纪传断代史——新唐书

　　北宋时期，四川绵阳有一个励志少年叫欧阳修，他天资聪明，酷爱读书。但由于自幼家境贫寒，没有钱买书，所以经常借书来抄，久而久之，书不待抄完，已能成诵。

　　有一次，欧阳修在自家的院子里抄书，被邻家的李尧辅看到，李尧辅见他手中的笔有点不一样，就问他那是什么。欧阳修告诉他因为自己家里穷没钱买毛笔，所以就用荻草代替毛笔写字。

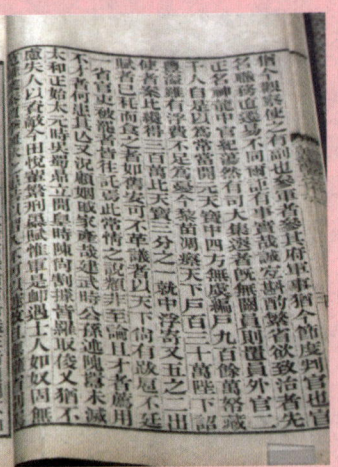

　　说完，他们就一起到欧阳修家的阁楼玩，欧阳修告诉他阁楼里有很多他抄写的书籍，李尧辅却问为什么要抄书，自己家里有很多书。

　　欧阳修说自己家

里没钱买不起书，还数落了李尧辅一通，说他家里有那么多书还不好好读书。李尧辅说自己一看见书就头疼。于是，欧阳修建议去李尧辅家玩，李尧辅听后开心得不得了。

欧阳修灵机一动，就说要去书房捉迷藏，因为李尧辅家的书房很大，他答应了。游戏刚开始一会儿，李尧辅就捉到了正在看书的欧阳修，欧阳修告诉他没及时躲起来，是因为看到了一本书中有一个很奇妙的故事，说的是在上古的时候，在一个阳光照射不到的大海里，有一种叫"鲲"的大鱼，它可以变成大头鸟，翅膀有几千米宽。

这个故事引起了李尧辅的兴趣，在之后的几天里，他一直在看这本书。过了一段时间，李尧辅的父亲感觉自己的儿子最近有点奇怪，就去问先生他是否有认真读书，先生告诉他，李尧辅最近读书很用功，而且说是因为欧阳修带动了他。

他们在说话间，就看到了欧阳修和李尧辅正在读书。先生顺便说了欧阳修家里的情况，李尧辅的父亲看到自己的儿子爱读书很是高兴。

此后，欧阳修和李尧辅经常在一起看书，一起玩。欧阳修刻苦学习的精神影响了他，将他带上了好学之路。

一次，李尧辅家里的侍从拿一些破旧的书去修补，被欧阳修和李尧辅看到，侍从说这些书全都发霉了，如果修补不好就丢掉。欧阳修看到了《韩昌黎文集》，觉得这是好书，要是扔了很可惜。

李尧辅的父亲看到后说既然欧阳修喜欢，就把那套书送给他，还说以后他喜欢读什么书都可以去他家拿去读，不用再抄书了。欧阳修听后很高兴，对这本书爱不释手，并非常有礼貌地说"谢谢！"

由于欧阳修想尽一切办法读书，学问日益精进。1030年，欧阳修中了进士。第二年任西京留守推官，与国子监直讲梅尧臣和充馆阁校

勘尹洙等大臣结为至交，互相切磋诗文。

欧阳修曾经说过这样的话：我重视的是这个人写的文章，而不在乎这个人的品性。可见，欧阳修对有真才实学的后生表现出异乎寻常的大度，极尽赞美，竭力推荐，使一大批当时还默默无闻的青年才俊脱颖而出，名垂后世，堪称千古伯乐。

在宋仁宗庆历年间，当时还默默无闻的曾巩，给欧阳修写了一封自荐信，并献上曾巩自己撰写的《时务策》，表达政见。

欧阳修读了曾巩的文章，赏识不已，他在回信中充分肯定了曾巩文章的思想性和艺术性。曾巩擅长古文策论，轻视了应举时文章，所以一直没有高中，埋没于草莽。

为此，欧阳修特撰《送曾巩秀才序》为其叫屈，为其扬名，又把曾巩纳入门下，把他当成最堪造就的学生，悉心教导，还盛赞曾巩说："过吾门者百千人，独于得生为喜。"在欧阳修的培养和帮助

下，曾巩于嘉祐年间高中进士，从此一鸣天下。

欧阳修有一项重要的史学成就，就是他与翰林学士宋祁同修《新唐书》。这是他在任翰林学士、史馆修撰等职期间的作品。此书是北宋时期编撰的一部记载唐代历史的纪传体断代史书。

《新唐书》全书共有225卷，其中包括本纪10卷，志50卷，表15卷，列传150卷。前后修史历经17年，于宋仁宗嘉祐五年完成，《新唐书》修成后，有许多地方胜过《旧唐书》。

因为宋代大体上继承了唐代的制度，为了总结唐代的典章制度供宋王朝参考，《新唐书》对"志"特别重视，新增了《旧唐书》所没有的《仪卫志》《选举志》和《兵志》。其中《兵志》是《新唐书》的首创。

《选举志》与《兵志》系统地整理了唐代科举制度和兵制的演变资料。

《新唐书》还在"列传"中保存了一些《旧唐书》所未载的史

料。自"安史之乱"以后，史料散失不少，唐穆宗以下又无官修实录，所以宋祁为唐后期人物立传，采用了不少小说、笔记、传状、碑志、家谱、野史等资料。同时，还增加了不少唐代晚期人物的列传。关于少数民族的种族、部落的记载，新唐书比旧唐书多而且详。

《新唐书》在列传的标名上也做了归纳整理，如把少数民族仕唐将领合并到"诸夷蕃将传"中，把割据的藩镇也归到一起来写，等等，这样，就使得眉目更为清楚。

《新唐书》在体例上第一次写出了《兵志》《选举志》，系统论述唐代府兵等军事制度和科举制度。这是我国正史体裁史书的一大开创，为以后《宋史》等所沿袭。

自司马迁创纪、表、志、传体史书后，魏晋至五代，修史者志、表缺略，至《新唐书》始又恢复了这种体例的完整性。以后各朝史书，多循此制，这也是《新唐书》在我国史学史上的一大功劳。

欧阳修任滁州太守时，常闲游山水，并与附近琅琊寺的智仙和尚结为好友。为便于他游览，智仙和尚带人在山腰盖了座亭子，取为"醉翁亭"，欧阳修为之写下了散文名篇《醉翁亭记》。

文章写成后，欧阳修张贴于城门，征求修改意见。开始大家只是赞扬，后来，有位樵夫说开头太啰唆，便叫欧阳修到琅琊山南门上去看山。欧阳修一看，便恍然大悟，于是提笔将开头"环滁四面皆山"之后的一串文字换上"环滁皆山也"5个字。如此一改，则文字精练，含义倍增。

知识点滴

历代典章制度——文献通考

南宋时期，右丞相兼枢密使马廷鸾家出生了一个男孩，取名马端临。马端临的父亲是个博学的人，也曾任过国史院编修官和实录院检讨官，在历史文献的收集和整理方面有很深的造诣。

马端临自幼天资聪慧，且有良好的家学条件。家中藏书丰富，父母对他的教育也极其严格。他很小就在母亲的指导下读书，7岁即能诵读"四

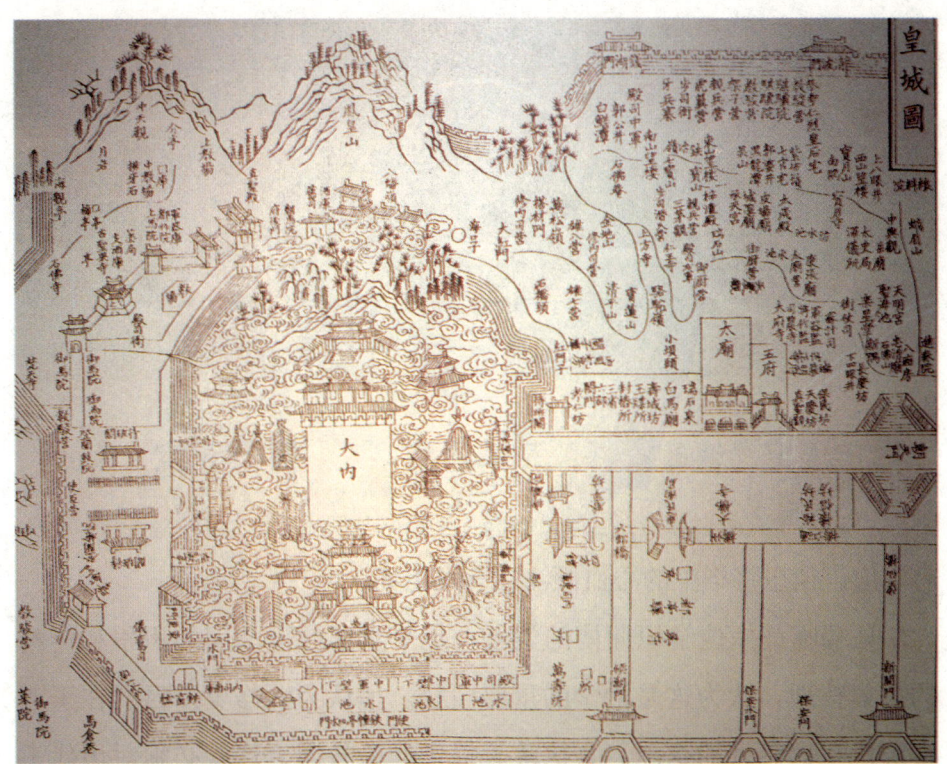

书五经"。稍大他益发勤奋好学，长期仿效南北朝著名文学家袁峻读抄经史的做法，每天坚持抄书50页，天天如数完成，没有完成，决不休息。

十多岁时，马端临就遍读了宋代以前的历代史学。他如此勤奋地博览群书，不仅使他具备了渊博的学识，练就了坚实的文字表述功底，还为他日后编写《文献通考》积累了大量资料。

马端临20岁时高中榜首，被授承事郎一职。不久之后，其父马廷鸾因反对奸臣当道，受到排挤而离职回乡，马端临亦随父回乡，侍奉父亲。

1279年，南宋为元所灭，马端临以隐居不仕进行消极抵抗。当时，投降元政府并担任吏部尚书的留梦炎曾招马端临出来做官，他没

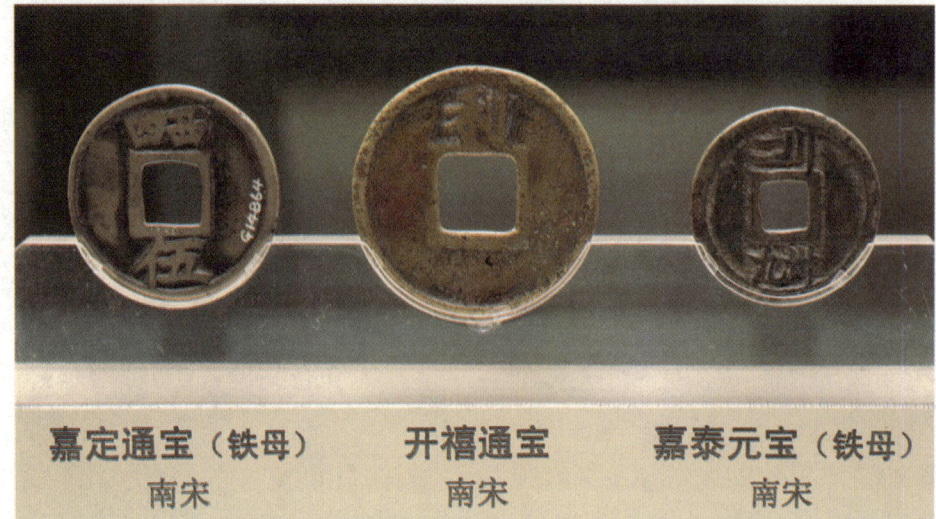

嘉定通宝（铁母） 开禧通宝 嘉泰元宝（铁母）
南宋 南宋 南宋

有答应，他想将毕生的心血倾注在著书上面。

马端临是一位学识渊博的学者，他平素很注重学问的积累和资料的搜集整理，认为这是治学的重要门径。他认为，修史的目的在于考察历代兴亡盛衰的缘由，为执政者提供经验教训，这就必须对历代王朝的典章制度做一番考订工作。

从早年起，对于以往的史学家及其著作，马端临特别推崇唐朝杜佑的《通典》和南宋郑樵《通志》。

马端临在潜心研究历史的过程中，发现自班固的《汉书》至司马光的《资治通鉴》等断代史和通史，都详于理乱兴衰的记载，而略于典章制度的记述。他认为"理乱兴衰"史对于后世固然有很大的借鉴作用，但"典章制度"的置废对社会兴衰的影响和作用也是不容忽视的。他带着这一观点反复深入地研究我国每一部典章制度专史。

马端临在唐杜佑的《通典》中领悟到：历代典章制度不尽相同，也不迥然相异，它们之间有明显的承袭关系，后世的典章制度变革是在承袭前朝乃至古代典章制度的基础上进行的。

　　潜心研究的心得使马端临立志编写一部自上古至南宋的典章制度专史。1273年，马端临开始准备，1290年，开始纂写，直至1300年始告完书，取名《文献通考》，同年刊行问世。在《文献通考》的编撰过程中，马端临也得到了父亲的悉心指导。

　　《文献通考》这部书共348卷，有24个门类，分别为：田赋、钱币、户口、职役、征榷、市籴、土贡、国用、选举、学校、职官、郊社、宗庙、王礼、乐、兵、刑、经籍、帝系、封建、象纬、物异、舆地、四裔。书中详细记述了自古至宋的25个朝代的各种典章制度的兴废沿革和利弊得失，每个门类和每卷之后都有文字精约的按语，阐述各个时期各种典章制度的兴立和废止对社会经济的发展和政治兴衰的影响。

　　全书叙事条分缕析、评述精审透彻、资料丰富翔实，是一部极有参考价值的历史名著。它与唐朝杜佑编著的《通典》和南宋郑樵编著的《通志》合称"三通"。

　　"三通"是旧时应科举考试者必读之书。《文献通考》是"三通"中内容最丰富、记述时间最长、考证最精深的一部，因而被历代史学家誉为"三通"之首。

　　马端临编著的《文献通考》效法杜佑的《通典》体例，而又有创新和发展。他认为《通典》的"纲领宏大，考订赅洽"，应取此精华，效而师之；《通典》分类不尽明晰，应补其不足；《通典》选材欠精，须补正之列。

　　《文献通考》在《通典》类目的基础上作了两大系列改进：一是增加了"经籍、帝系、封建、象纬、物异"5个门类，使之更加全面；二是将"田赋、钱币、户口、职役"等门类从"食货"中抽出，升格后与"礼、乐、兵、刑"并列为类目，即由子目升为一级篇目，使其更系统、更缜密。

　　《文献通考》类目安排的科学性，充分体现了马端临"师古而不泥古"的治学态度和严谨治学的精神。

　　马端临在《文献通考》中所写"按语"是其书的精华。马端临通过"按"来抒发自己的见解。通过"语"介绍各家之说，指出典章制度的来龙去脉。马端临的"按语"是其父"先公曰"的继承和发展，集中了父子两代人的智慧，在《文献通考》中起到画龙点睛的作用，多有鉴古以警世之意。

　　《文献通考》材料较《通典》翔实，体例较《通志》严谨，于宋代制度尤为详备，因而是政书中最有价值之作。《四库全书总目提要》评曰：

　　　虽稍逊《通典》之简严，而详瞻实为过之，非郑樵《通志》所及也。

马端临曾于《文献通考序》中说：

引古今谓之文，参以唐宋以来诸臣之奏疏、诸儒之议论谓之献，故名《文献通考》。

清末著作家阮元认为，读《资治通鉴》，已通晓历代政事；读《文献通考》，已通晓历代政典，号称"二通"。

《文献通考》作为一部记叙我国历代典章制度的专著，与司马光的《资治通鉴》起了相辅相成的作用。《文献通考》体例别致、史料丰富、内容充实、评论精辟，在我国史籍中占有重要地位。

马端临谋求治国安邦之心甚切，欣赏宋初仁政，对宋末管理的腐败极为愤慨，厌恶严酷之法。

马端临认为，欲实现清明之政，事在人为，一切工作必须任用得人、重荐举、重贤才。他主张改革人事制度，改革科举，广开门路，不问出身，唯才是举。

"爱民重农"是马端临政治思想的核心。他有志于儒家传统，无意于道家"清虚以自守、卑弱以自持"之术，对法家的严刑峻法也不苟同。他赞扬直言极谏，其求实、务实的精神是不朽的。

知识点滴

官修史书——宋、辽、金史

那是在元代时，在蒙古族蔑儿乞人中，有个叫脱脱的人，容貌奇特，非同常人。他出生在一个贵族家庭，年幼时就活泼好动，不喜雅静沉郁。

脱脱到了上学的年龄，他的父亲特意为他拜请了浦江名人吴直方为师，有意将脱脱培养成国之栋梁。然而脱脱对读书并不太感兴趣，他对老师说："先生让我坐在这里，攻读圣贤之书，倒还不如给我多讲一些有关古代名人如何成才的故事呢。"

过了几年，脱脱长得粗壮结实，加之他喜好武艺，臂力过人，勇猛无比，十几岁便能开一石重的弓。于是在15岁那年，脱脱被征为皇太子的侍从。

又过了几年，脱脱奉诏入朝觐见皇上，元文宗见脱脱气质独特，极口盛赞说："这孩子将来必定大有可为！"于是，升迁脱脱为内宰司丞，兼任前职。后来又任命脱脱为府正司丞。1331年，元文宗亲自授予他虎符，升调他为忠翊侍卫亲军都指挥使。

1334年，元文宗让脱脱兼管宣政院事务。随后，朝廷任他为迁中政使、沟知枢密院。从进京起，不到6年时间，脱脱由于深得宣帝的信任，一连官升数级，成为朝廷中的省、部级大员。

在后来的日子里，脱脱充分施展自己的才能。他大胆改革，重振纲纪，朝廷内外一片肃然。这时，皇上又任命脱脱为中书右丞相，掌管全部军国大事。

就任丞相后，脱脱大胆变更伯颜时期的旧制度，恢复科举取士，重新启用太庙四季祭祀的制度。调整政策，减除盐税。恢复先前经筵讲学的制度，遴选儒生学士治经讲学，并且自己亲自掌领经筵讲学的具体事宜。

脱脱还为郯王微徽秃昭雪平反，同时召还宣让、威顺二王，让他们居住在原来的藩地。正亲王阿鲁图在伯颜当政时期，因事得罪伯颜，被贬为平民，脱脱也将阿鲁图接回京城，恢复原职。

脱脱颁行的一系列恢复社会经济的政策和大刀阔斧的改革，赢得了朝廷上下及普通百姓的好评和称赞，人人都称他为"贤相"。

后来，元政府开始着手编写宋、金、辽史，但因为当时学者为宋、金、辽三朝谁为正统的问题争论不休，所以也就一直未能撰成。

直到脱脱以都总裁右丞相的身份领衔主修三史，他断然裁定："三国各与正统，各系其年号，以此为三史之义例。"

脱脱于1344年农历五月因病辞职，由阿尔拉·阿鲁图继任中书右丞相。阿尔拉·阿鲁图继脱脱之后，主持了纂修辽、金、宋三史，颁《至正条格》等工作，特别是三史中的《宋史》部分，是由阿尔拉·阿鲁图主持的。

虽然在参与修纂《宋史》的人之中，阿尔拉·阿鲁图名为都总裁，但他素不识汉字，因而并没有参与实际编修，但他在财政、管理、史料提供上给予了莫大支持，因此在1345年农历十月，三史皆修成。中书右丞相阿鲁图奏进。《宋史》在三史中虽然是最后完成，但只历时两年半。

《宋史》全书有本纪47卷，志162卷，表32卷，列传255卷，共计

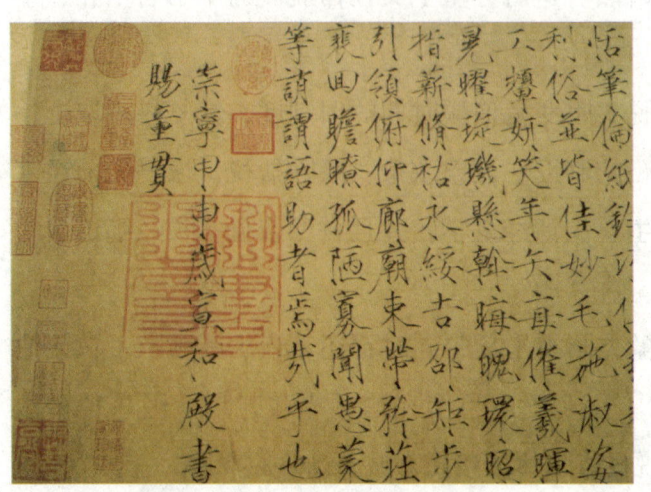

496卷，约500万字，是"二十五史"中篇幅最庞大的一部官修史书。其中还有《奸臣》4卷、《叛臣》3卷，为蔡京、黄潜善、秦桧、张邦昌、刘豫等所做的传记；

另有《道学》4卷，为周敦颐、程颢、程颐、张载、朱熹等道学人物所做的传记。

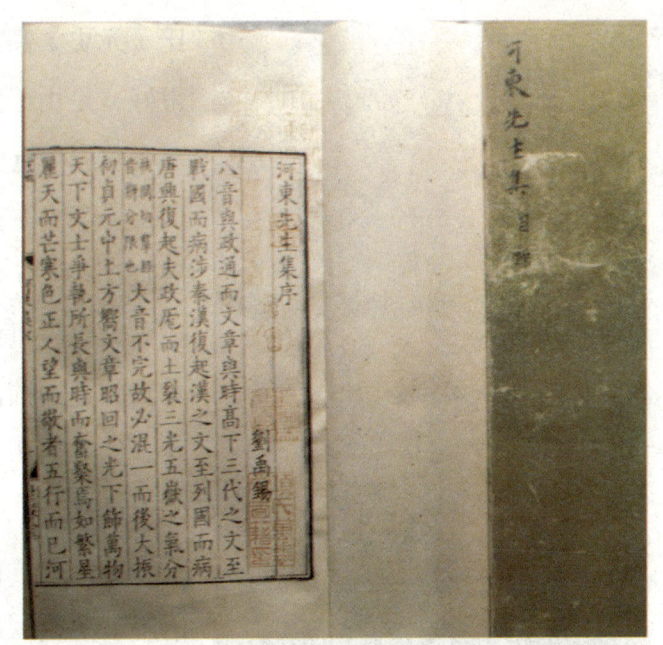

《宋史》的体例完备，融会贯通了以往纪传体史书所有体例，纪、传、表、志俱全，而且有所创新。他的特点是史料丰富，叙事详尽。两宋时期，经济繁荣，文化学术活跃，雕版印刷盛行，编写的史书，便于刊布流传。科举制的发展，形成庞大的文官群，他们的俸禄优厚，有很好的条件著述。加之执政者重视修撰本朝史，更促成宋代史学的发达。

《宋史》是研究辽、宋、金代历史的基本史籍之一。在现存的宋代重要史料中，唯有《宋史》贯通北宋与南宋，保存了320年间的大量历史记录，很多史实都是其他书中所不载的。它比较全面、系统地反映了政治、经济、军事、思想、文化等各个方面的状况，内容广泛而丰富，史料价值相当高。

《金史》全书135卷，其中本纪19卷，志39卷，表4卷，列传73卷，其中的《河渠志》《兵志》《食货志》《选举志》《百官志》5种，反映出金代社会的基本特征。

《金史》的评价很高，认为它不仅超过了《宋史》、《辽史》，也

比《元史》高出一筹。《金史》编得好，是由于原有的底本比较好，及金政府注重史书的编纂工作。

《金史》不但记载了金建国以后120年的历史，而且为了专门叙述金太祖先世的生平事迹，回顾了女真族建国前的历史，从而保存了女真族早期历史的珍贵材料，备受今人重视。

《金史》在最末尾专立《金国语解》一篇，用汉语标出了表现在官称、人事、物象、姓氏等等之中的女真语称谓，是参照释读《金史》及研究女真语言文字的重要资料。

《金史》还根据具体需要，创立了《交聘表》，以编年体表格的方式记述了金与邻国如宋、西夏、高丽的和战及来往关系，形式新颖，内容清晰。

《金史》以"实录"为依据，史料翔实可信。如在记述金与辽的往来和征战中，对金执政者所用的计谋等，都能如实地叙述；对金执政者的残暴与互相倾轧，也能比较充分地揭露。

《辽史》撰成于元代，全书116卷，包括本纪30卷，志32卷，表8卷，列传45卷，国语解1卷。他记载的是辽朝的历史。辽代是10世纪至12世纪前期契丹族在我国北部、东北部以至西北部辽阔地区建立的强大王朝。

《辽史》的特点是列表较多，共有8表，仅次于《史记》和《汉书》。《辽史》的表多，减少了立传之繁，省却了许多篇幅，弥补了纪、志、传记载的不足。其中的《游幸》《部族》《属国》3表，是《辽史》的创新。通过列表，使读者对各部族、各属国的情况，以及与辽朝中央的关系，都一目了然。《辽史》的最后有《国语解》一卷，对书中用契丹语记载的官制、宫卫、部族、地名等分别加以注释，为阅读《辽史》提供很大方便。

《辽史》作为现存唯一的一部比较系统、完整地记载了辽朝历史事实的著作，其珍贵和重要性是不言而喻的。

《辽史》保存了许多由耶律俨的《辽实录》和陈大任的《辽史》二书所记载的许多材料，因而其史料价值还是比较高的。

脱脱虽不好读书，然而忠君孝义的观念却是根深蒂固的。有一次，皇上出行云州，正好遇上狂风发作，暴雨滂沱。咆哮的洪水像疯狂的野兽一般，迅速向出行队伍猛冲过来。车马人兽来不及躲避，全部被水冲散。慌乱之中，脱脱紧紧抱住皇太子爱猷识理达腊飞身上马，单骑向旁边的山顶冲去，皇太子得以幸免于难。

自此以后，太子长至6岁才回到皇宫。在此期间，每逢太子生病，喂药时，脱脱必先尝其冷热，再端给太子。皇上经常感激脱脱对皇太子的救命之恩："汝之勤劳，朕不忘也。"

知识点滴

元代纪传体断代史——元史

元朝末年，有一个叫宋濂的人，他小的时候，很喜欢读书，但是家里很穷，没有钱可以买书，只好向人家借。每次借书，他都讲好期限，按时还书，从不违约，所以大家都乐意把书借给他。

一次，他借到一本书，爱不释手，便决定把它抄下来。由于书的内容很多，还书的期限快到了，还没有抄完，他只好连夜抄书。时值隆冬腊月，滴水成冰。他的母亲说："都半夜了，这么冷，天亮再抄吧。人家又不是等这本书看。"

宋濂说："不管人家等不等这本书看，到期限就要还，这是个信用问题，也是尊重别人的表现。如果说话做事不讲信用，失

百七

諸城郭人民鄰甲相保門置水瓮利不設火具其每物須備大風時作則傳呼以徇于路有司不時點視凡救火之具不備者罪之　諸遣火延燒官房舍杖七十延燒民居公私俱免徵償燒自己房舍杖八十七所毀房舍笞五十七因致傷人命者杖八十七止坐失火之人　諸翦刈草地輒縱野火延燒者杖八十七因致闕用者奏取聖裁鄰接管民官者笞二十七止坐失火之人　諸故燒官府廨宇及有人居止宅舍者無問罪勒償償未盡而會赦者免徵　諸故燒太子諸王房舍者處死　諸故燒鄰接管民房舍錢穀無問專一關防禁治

舍宇大小財物多寡比同強盜免刺杖一百七徒三年因傷人命同殺人其無人居止空房并損壞財物及田場積聚之物同竊盜免刺計贓斷罪因盜取財物者同強盜刺斷並追陪所燒物價傷人命者仍徵燒埋銀再犯者決配役滿親屬相犯比同常人不曾延燒者比強盜不曾傷人不得財杖七十七徒一年半免刺雖親屬相犯比同常人　諸挾仇放火隨時撲滅者決配役滿徙千里之外　諸每月朔望二弦一凡有生之物殺者禁之　諸郡縣歲正月五月各禁室殺十日其餘僅去處自朝日為始禁殺三日自十二月至...諸...

信于人，怎么可能得到别人的尊重呢。"

有一次，宋濂要去远方向一位著名的老师请教，并约好见面的日期，谁知道出发那天下起了鹅毛大雪，当宋濂挑起行李准备上路时，母亲惊诧地说："这样的天气怎么能出远门呀？老师那里早已经是大雪封山了，你这一件旧棉袄，哪里抵御得了深山的严寒呢！"

宋濂说："娘，今天不出发就会耽误了拜师的日子，这就是失约，失约就是对老师的不尊重，风雪再大，我都得去。"

当宋濂到达老师家里时，老师高兴地称赞道："年轻人，守信好学，将来必有出息。"

到了成年时，宋濂就更加仰慕圣人贤士的学说。但是又担心没有大师、名人和自己交流。所以，他就每天跑到很远的地方，专心地去向有名望的前辈请教。前辈的弟子很多，挤满了房间，先生十分严厉，宋濂毕恭毕敬。提出问题并询问道理，弯下身子，侧着耳朵来请教。先生有时训斥，宋濂也不畏缩，而是表现得毕恭毕敬，态度非常好。有时等到先生高兴时，先生便更具体地给他讲道理，这让宋濂受益匪浅，获得了更多的知识。

宋濂因举荐授为翰林编修，但他以父母年老为由坚辞不就，而到龙门山闭门著书。

十余年后，明太祖朱元璋召见宋濂。知府王显宗奉命开办学校，经人推荐就聘请了宋濂及叶仪为"五经"老师。随后，在李善长的举荐下，宋濂与刘基、章溢、叶琛一起应征来到应天，授为江南儒学提举，奉命讲授太子经。

宋濂比刘基大一岁，两人都起于江南，皆负重名。刘基雄健豪放，有奇才之气，而宋濂则自命为儒者。刘基在军中出谋划策，宋濂则以文学之长受到朱元璋的赏识，随侍朱元璋左右，作为顾问。

明太祖曾召宋濂讲解《春秋左氏传》，宋濂进言道："《春秋》

是孔子褒善贬恶的书，如能遵行，则赏罚公正适中，天下便可平定！"明太祖御临端门，宋濂口释黄石公《三略》。

宋濂说："有了《尚书》、'二典'，帝王所需大经大法便已经具备，但愿能留意而将其讲明。"

不久，朝廷论功行赏，宋濂又说："得天下以得人心为本。如果人心不固，尽管有许多的玉帛财富，又有什么用呢？"明太祖认为他所说的很有道理。

宋濂请求返乡探亲时，明太祖及太子都对他倍加慰劳、赏赐。宋濂上书谢恩，并致信太子，勉励他要孝友敬恭，进德修业。

明太祖看了这封信后十分高兴，立即传召太子，将信中内容告诉他。明太祖还亲自赐信褒奖，答复宋濂，并令太子回信以示回报。随后宋濂便因父亲去世，服丧守制，守丧期满，即奉诏返京。

1369年，明太祖下诏修《元史》，宋濂被任命为总裁官。这次编写至秋季结束，仅用了188天的时间，便修成了除元顺帝一朝以外的本纪37卷，志53卷，表6卷，传63卷，共159卷。

这次修史，以大将徐达从元大都缴获的元代13朝实录和元代修的典章制度史《经世大典》为基础。由于编纂的时间太仓促，缺乏顺帝

时代的资料，全书没有完成，于是派欧阳佑等人到全国各地调集顺帝一朝资料，重开史局，仍命宋濂、王祎继续纂修。

宋濂等人经过143天而书成，增编顺帝纪10卷，增补元统以后的《五行》《河渠》《祭祀》《百官》《食货志》各1卷，"三公"和宰相表的下卷，《列传》36卷，共计53卷。然后合前后二书，按本纪、志、表、列传厘分后，共成210卷，也就是现在的卷数。两次纂修，历时仅331天。

《元史》全书210卷、纪47志、志18卷、表8卷、列传97卷，记述了从蒙古族兴起到元王朝建立和灭亡的历史。

《元史》的本纪，以记载忽必烈事迹的《世祖本纪》最为详尽，有14卷之多，占本纪篇幅的三分之一；其次是《顺帝本纪》，有10卷之多。这是因为元世祖和元顺帝在位时间都长达30多年，原始史料丰富，所以对他们的记述就比较详细。这体现了《元史》编纂中的实事求是的精神。

《元史》的史料来源一是实录，二是《经世大典》，三是文集碑传，四是采访。《元史》的志书，对元代的典章制度做了比较详细的记述，保存了大批珍贵的史料。其中以《天文》《历志》《地理》《河渠》4志的史料最为珍贵。

《天文志》吸取了元代杰出科学家郭守敬的研究成果。《历志》是根据元代历算家李谦的《授时历议》和郭守敬的《授时历经》编撰的。《地理志》是根据《大元一统志》编撰的。《河渠志》是根据《海运纪原》《河防通议》等书编撰的。

《元史》的列传有类传14种，大多沿袭以往的史书，只有《释老》一传是《元史》的创新。《释老》是记载宗教方面的列传，从中可以了解宗教在元朝所居的地位和发展情况。

《元史》列传还有个特点是，所叙述的事，都有详细的年、月、日记载，这就更增加了参考价值。

《元史》的体例整齐，文字浅显，叙事明白易懂，还保留了当时的不少方言土语，这同明太祖朱元璋提倡浅显通俗的文字是分不开的。

知识点滴

宋濂很爱读书，遇到不明白的地方总要刨根问底。有一次，宋濂为了搞清楚一个问题，冒雪行走数十里，去请教已经不收学生的梦吉老师，但老师不在家。宋濂并不气馁，而是在几天后再次拜访老师，但老师并没有接见他。因为天冷，宋濂和同伴都被冻得够呛，宋濂的脚趾都被冻伤了。

当宋濂第三次独自拜访的时候，掉入了雪坑中，幸被人救起。当宋濂几乎晕倒在老师家门口的时候，老师被他的诚心所感动，耐心解答了宋濂的问题。

后来，宋濂为了求得更多的学问，不畏艰辛困苦，拜访了很多老师，最终成为闻名遐迩的大学者。

清代历史的正史——清史稿

　　赵尔巽是清政府最后一任盛京将军。他于1844年出生在铁岭的一个官宦世家，汉军正蓝旗人，清同治年间考中进士，被授翰林编修，后来任湖南巡抚、户部尚书、盛京将军。

　　赵尔巽在盛京将军任时，着意整理财政，开始成立财政局，铸造银元，创办东三省银号，发行纸币。因其措施得当，为人清廉，在任两年，使得奉天省财政大有改观。

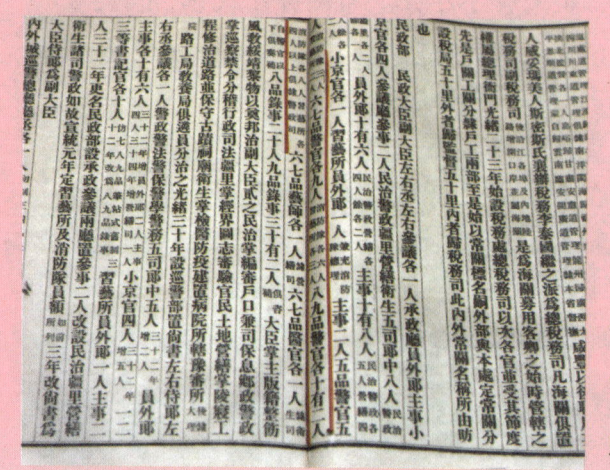

　　1911年，赵尔巽任最后一任东三省总督时，"辛亥革命"爆发，赵尔巽蛰居青岛，住在宁阳路。当时青岛人因其巷中住有清代遗臣，遂名"清官巷"，不久，王公大臣蜂拥沓至，多居巷中，于

是众人又呼为"赃官巷"。

1914年3月，赵尔巽被袁世凯召为清史馆馆长，主编《清史稿》。他上任以后，聘前清遗老、著名学者柯

劭文、缪荃孙等100多人，工作人员200多人，名誉职位300多人，组成写作班子，开始编修清史。

在当时，国力衰微，经费极为紧张，特别是1917年后，费用几乎到毫无着落的地步。赵尔巽认为，此事事关一代国史，"失今不修，后业益难著手"，再困难也"不敢诿卸"。

因此，赵尔巽一方面节约开支，敦促同仁加快进度、多尽义务，一方面以其资望向各军阀募捐，并言："不能刊《清史》，独不能刊《清史稿》乎！"

1927年，《清史稿》编成。此书为研究清代历史提供了权威史料。当年9月3日，赵尔巽在北京病逝，时年83岁。翌年，《清史稿》正式付印出版。

《清史稿》全书536卷，其中本纪25卷，志142卷，表53卷，列传316卷，以纪传为中心。所记之事，上起1616年清太祖努尔哈赤在赫图阿拉建国称汗，下至1911年清王朝灭亡，共296年的历史。

《清史稿》汇集了比较丰富的清史资料。由于清灭亡时，政府档案、私家著述和文化典籍保存得比较完整，这就为编写《清史稿》提

供了充实的原始资料。当时的主要史料有《清实录》，从清太祖到清宣统凡12朝，共4400卷。在《清国史》中，纪、传、志、表俱全，清亡前，清代国史馆已编成754卷；清诏书，又称《圣训》，共1624卷；清典志4938卷；清朝人物传记、名人年谱等2000多卷；清纪事史书《东华录》等1000卷以上。此外，官方对某一具体事件的纪略，私人记某一事件的始末，更是数不胜数。

《清史稿》取材"以实录为主，兼采国史旧志及本传，而参以各种记载，与夫征访所得，务求传信"。集中并系统整理了有清一代的史料，为后人研究清代历史积累了丰富的素材，这是值得肯定的。

《清史稿》是由北洋政府设馆编修的记载清代历史的正史。本身史料丰富，其价值不可忽视。

知识点滴

清人李伯元在《南亭笔记》中记载，赵尔巽不仅在湖南任上创办了多所专科学校，还经常喜欢驾临高等学堂，演说民权自由的道理。一次，赵尔巽正在演说时，一位学生站起来反驳他。回家后，赵尔巽连夜写了一篇答辩书，其中引用了华盛顿、赫胥黎、克林威尔、林肯、孟德斯鸠等数10位世界名人言论，令时人惊叹不已。

《南亭笔记》还提到，赵尔巽反对汉族妇女缠足。他在湖广总督任上时，坚决反对汉族妇女缠足。此外，赵尔巽还主张禁烟。他在湖广总督任上的一项重要举措，就是颁布了《筹议湖北禁烟缉私汉局章程》，制定了详细的禁烟法则，推出了一些具体的戒烟药方，力求从根本上清除鸦片对我国的危害。